U0348902

THE ONGO BOOK 2.0
Everyday Nonviolence

安居 12 周
正念练习

[美] 凯瑟琳·卡登（Catherine Cadden）
居杰（Jesse Wiens Chu）　　著

李 夏 译

机 械 工 业 出 版 社

图书在版编目（CIP）数据

安居12周正念练习 /（美）凯瑟琳·卡登（Catherine Cadden），（美）居杰（Jesse Wiens Chu）著；李夏译. —北京：机械工业出版社，2024.4

书名原文：The Ongo Book 2.0：Everyday Nonviolence

ISBN 978-7-111-75443-5

Ⅰ . ①安… Ⅱ . ①凯… ②居… ③李… Ⅲ . ①心理交往–通俗读物 Ⅳ . ①C912.11-49

中国国家版本馆 CIP 数据核字（2024）第 060730 号

机械工业出版社（北京市百万庄大街22号　邮政编码100037）

策划编辑：徐曙宁　　　　　　责任编辑：徐曙宁　仇俊霞

责任校对：曹若菲　李 杉　　责任印制：刘 媛

涿州市京南印刷厂印刷

2025年1月第1版第1次印刷

169mm×230mm・24.25印张・2插页・301千字

标准书号：ISBN 978-7-111-75443-5

定价：79.80 元

电话服务　　　　　　　　　网络服务

客服电话：010-88361066　　机 工 官 网：www.cmpbook.com

　　　　　010-88379833　　机 工 官 博：weibo.com/cmp1952

　　　　　010-68326294　　金 书 网：www.golden-book.com

封底无防伪标均为盗版　　　机工教育服务网：www.cmpedu.com

安居之树

就像一颗种子，
在水的浇灌、大地的滋养和阳光的呵护下，
悄悄发芽。
参与安居，
你的智慧、慈悲与平和，
也随之增进——
12 周的安居，使你日渐成熟。

书中，
我们以插图树的变化，
喻你 12 周的成长之路——
书页翻过，树苗渐长，
高耸入云，树影婆娑。
直至书尾，
安居之旅终了，
落叶满径，收获满满。

愿你的智慧之树，繁茂成长。

本书获得的赞誉

这本书提供了一些基础而具有潜在力量的内容，让我们在仓促和忙碌的世界里能够保持内心稳定、不动摇。我猜，随着各种外部危机越来越严重，这些内容将变得更有价值，使目前常常让我们耗费心力的一些事情逐渐显得微不足道。

——比尔·麦克基本（Bill McKibben）

《自然的终结》（*The End of Nature*）、《深度经济》（*Deep Economy*）作者、

350.org 联合创始人

《安居 12 周正念练习》是一本美好且实用的书。它的教诲既充满启发，又简洁而完备，还提供了拥有完整精神生活的必备练习。我发现，书中的练习明确具体，就像精确的地图，指引着有意愿的学习者理解内心的景观，探索人与人之间的关系。在多年的个人成长和教学的过程中，我清楚地认识到，为了实现精神成长，我们需要得到拥有共同愿景和价值观的团体的支持。这本书为这一愿景提供了实际的支持。

——罗伯特·冈萨雷斯（Robert Gonzales）

国际非暴力沟通中心前理事会主席、

慈悲生活中心（Center for Living Compassion）创始人、

《对慈悲生活的思考、唤醒我们的激情和生活在慈悲中》

（*Reflections on Living Compassion and Awakening our Passion and Living in Compassion*）作者

在此之前，我从未体验过如此可行、简洁而又具有变革性的练习。通过书中的练习，我的心灵以让我无法想象的方式敞开了！如果全世界的人都能踏上这趟 12 周的旅程，那么我们将居住在一个更善良、更智慧、更非暴力的地方。

——梅丽莎·伯恩斯坦（Melissa Bernstein）

梅丽莎和道格生命轨迹（Melissa & Doug and Lifelines）联合创始人

这本书给读者带来的是一场深刻的自我认知探索之旅。它完美融合了非暴力沟通与正念冥想，不仅为我深入探索智慧、和平与慈悲提供了明确的指引，还为我的心理研究提供了独特的视角。此外，这本书对我所服务的心理咨询对象及其家庭也有积极的意义。

——谭术

中国人口文化促进会心理安全专业委员会委员、华夏国科心理学研究院副院长

生活在现代社会，我们都需要一个心灵的空间，让自己安顿下来。本书将正念与非暴力沟通的理念相结合，通过切实有效的带领方法，营造出一个自我觉察、人际支持的温暖场域，值得想要自我成长者和团队带领者学习。

——柳智宇

《人生每一步都算数》作者、传统文化与心理融合推动者

教育最重要的功能之一就是让人获得幸福感。作为一名校长，我相信带来联结的语言以及内心的平静，都能帮助人感到幸福，并拥有更和谐的人际关系。所以，我向教育工作者、家长和孩子们强烈推荐这本书。

——吴昊

北京市西城区志成小学校长、正高级教师

这本书以浅显易懂的方式，帮助我逐步开启了内在探索，书里还有与同事、伙伴的练习，体验互动感强。我相信，在信息过载的时代，本书将助更多人少走弯路。

——于淼

之一生态投资合伙人

每个人在生命的旅途中，都不可避免地会遇到压力和人际关系的挑战。其中，构建和维护亲密关系显得尤为重要。然而现实却是，我们往往对外人展现出最温和的一面，却将最糟糕的情绪留给了家人。这种缺乏智慧的亲密关系会让每个人的人生痛苦翻倍。非暴力沟通是人际关系建设的基础和根本，它的核心是彼此尊重。这本书实践性很强，可以有效地帮助读者和周围的人用更平和的语言沟通。我会向同事、有心理困扰的人和他们的家属推荐这本书，来帮助他们提升人际关系的建设能力，让笑容再次绽放。

——赵振海博士

北京中医药大学东直门医院心理科医生

感谢这本书，让我学会了如何看到自己、感受到自己、爱自己。

——董征

上海橙禾澄心医疗管理有限公司董事

这本书带领我一步一步深入探索了与自己、他人、环境的关系；书中的正念冥想，让我穿越了往昔的记忆，遇见当下的自己；书里提供的小组练习、伙伴练习和个人练习，更让我步伐日益轻盈地走向未来。它不仅让我深刻体会到了生命中的哀悼与庆祝，还成为我生活中的一盏明灯。每当生活遭遇困境或瓶颈时，我都会不由自主地重读这本书，从中寻找那把开启心结的钥匙。

——潘小媛

安居学员、专业级教练（PCC）

译者序

这是一个充满焦虑和恐惧的时代，我们似乎需要拼尽全力才能适应和立足。我们苦苦挣扎，却在目不暇接的变化中越陷越深。在这个充满竞争、对错和比较的世界中，我们逐渐失去自己内在的节奏感和稳定感，任由某些看见或看不见的标准衡量和撕扯自己。

我和两位作者同为国际非暴力沟通中心的认证培训师，都致力于分享和传播非暴力沟通。在这个过程中，我看到人们因为各种问题来学习，如亲子沟通、夫妻关系、课堂管理、家校沟通、职场困境、个人疗愈等。初学者常常会带着一种控制不了所发生的事情的挫折感或者沮丧感，希望通过学习一种方法来"搞定"问题。人们的注意力常常放在外部世界，放在"别人做错了什么"上面，希望有方法让别人改变。

然而，无论是使用某些标准衡量自己，还是期待别人改变，如果没有与自己内心真正看重的生命品质——我们的需要——真正地合而为一，那么任何方法所产生的效果和力量都是十分有限的，带来的结果也常常不尽如人意，甚至会与我们的初衷背道而驰。另外，在快节奏生活的裹挟中，我们很难静下心来思考自己真正想要的是什么，只是机械地用以前习得的方式应对生活"扔向"我们的东西。

深刻地了解自己看重的需要（或称作价值），并扎根其中，就能找到生命的稳定感和清晰感。看清自己每个沟通的当下想要满足的需要，能够帮助我们看清每一次沟通的核心目的，也能让我们更清醒和理智地选择言行。认识真正的自己，有一个很重要的途径，那就是自我同理。如同凯瑟琳和居杰在书中的沟通流程图所展示给我们的那样，非暴力沟通几乎总是始于自我同理。

居杰说过，自我同理有两个组成元素：一是觉察自己当下的体验，二是友善地对待自己当下的体验。

对很多人来说，第一个元素已经不容易做到，第二个元素则是难上加难。我们常常在事情发生时，迅速陷入并迷失在各种想法中，很难真正地处在当下。当一些体验让我们感到痛苦时，我们也常常倾向于忽视、躲避、压制或发泄这种痛苦，但这通常会引发更大的痛苦。

那么，我们的各种想法从何而来？这些处理痛苦的方式又从何习得？

我想，这和我们个人的成长经历有很大关系。记得我在八九岁时，弟弟和我追逐打闹之间，我气恼地拍了他一下。父亲从厨房冲出来，作势要打我，并斥责我为什么要打弟弟。我心里感到很委屈，他没有看到弟弟已经戳打了我很多次，我只是刚好在拍他那一下的时候被父亲看见了。当时，我没有胆量和父亲争辩，所以闭口不语，但心里悄悄种下了一个信念：我是不重要的。

在翻译本书关于非暴力沟通的核心信念的章节时，我看到作者说："我们的核心信念，最初可能只是在暂时性表达自己、父母、老师或我们所处社会的需要。"是的，父亲的斥责让我觉得委屈，我闭口不语，只是在表达爱、联结和归属感的需要。父亲的斥责也只是在表达保护和关爱的需要。然而，我带着这个"我是不重要的"信念生活了很多年，基于它去应对和处理过很多人生中的大大小小的事情。回想过去，这个信念主导着我，让我看待和回应很多事情的方式都如出一辙，而我却浑然不觉。

现在，我逐渐看清了这个信念对我的巨大影响。例如，某个周二的下午，我去家附近常去的理发店，想修剪一下刘海儿。到了店门口，发现店里没有像往常一样开着灯，只有店主一个人在。他说不能给我理发，因为周二全员休息，让我第二天再来。我从来没有注意到他们常年贴在店里的"周二休息"的告示。但我很想剪一下刘海儿，于是和店主说，辛苦他动一下剪刀，一两分钟就可以剪完。但店主却坚持说即使只是修剪刘海儿也需要先洗发再剪，几次沟通后无果，我只好悻悻地离开。走在路上，我气愤地想这个店主真无情，这几年我一直在他们店里理发，他也不好好对待我这位忠诚的客户……猛然间，我发现脑海里出现的所有想法都基于我的"我是不重要的"这个信念。我不禁哑然失笑，种种想法也消散而去。现在，我对这个核心信念有了更多觉察，它已经无法再像过去一样无时无刻地束缚我。正如作者所言："我们的生活经历已经向我们展示了这些看待和回应世界的方式的局限性，我们已经准备好了改变。"

是的，我已经准备好了改变。如同凯瑟琳所说，看到就能感受到，感受到就能疗愈。在她带领的一次线上课程中，她让我们把一只胳膊向后伸，想象一下身后是我们的祖先，另一只胳膊向前伸，想象前面是我们的子孙后代。在做出这样一个简单的动作后，我被深深地震撼到——我的身体里流淌着祖先们的鲜血，从他们那里继承了很多自己看得见、看不见的东西。我们的祖先，尤其是父母对我们的影响非常深刻。而我们自身，也会深刻地影响我们的儿女和后代。

如果我们能够在事情发生时，有意识地关注自己的呼吸，了解和觉察自己的身体反应，就能够给自己可靠的线索，了解自己当下的感受，并联结到背后看重的需要。《安居 12 周正念练习》书中的绝大部分内容——无论是小组练习、伙伴练习，还是个人练习——都和认识真正的自己，帮助自己身心合一、内外一致相关。

《安居 12 周正念练习》从各个方面帮助我们真正认识自己。除了书里分享的核心信念之外，活出自己看重的需要或价值、与比较心结盟、靠近苦难和比我们更伟大的力量、宽恕、感恩、庆祝与哀悼、了解和放下执着、说出真实性、建立慈悲的界限、心灵之语、不咬"钩子"等各个方面，都在帮助我们更加立体丰满地拥抱真实的自我，并在这个世界中无所畏惧地表达自己。书中简明扼要地介绍了相关的理念，更重要的是给我们提供了练习的架构。每一个练习，甚至每一段引文，都充满能量和深意，值得我们细细品味。在翻译本书的过程中，我常常一边翻译一边练习，因为深受触动而泪流满面。

有人认为非暴力沟通是一种沟通方式，是一种话术，但其实不然。马歇尔博士说，非暴力沟通的核心是其服务的目的——创造有品质的联结，让由衷的给予和接纳得以发生。为了实现这个目的，我们要时刻关注当下内在鲜活的东西，也就是我们和他人当下的感受和需要。这和正念不谋而合。《安居 12

周正念练习》创新地将正念与非暴力沟通有机地融合起来，练习正念时就是在练习非暴力沟通，使用非暴力沟通时也在练习正念。

在这本书中，我们不只能学到知识和技能，而且还会收获一个全球性的安居社群。这本书让踏上安居之旅的所有人相遇，彼此同行，护送对方"回家"——成为身心合一、内外一致的自己。此外，"安居"之旅能够帮助我们实现内心的安宁，而外界的和平从我们内在的平和开始，我们的安宁能为自己可以影响到的"三尺范围"的和平做出贡献。

李夏

李夏是国际非暴力沟通中心认证培训师、NVC 学习中心创始人、无错区游戏中国大陆地区首席教练、非暴力沟通中国认证导引师项目总监和首席培训师、青少年情绪学习力教练、TEDx 演讲嘉宾。

英文版序一 _____

我们生活在一个有太多东西要学、要读、要赢、要看、要做、要获得的世界，这个世界充斥着快餐、快速解决方案、新技能、最新发明和日新月异的科技。我有时会不知所措，似乎只有穷尽所学才能跟上时代。

凯瑟琳和居杰在这本书中为我们提供了不同的内容。他们伸出了一只温柔的手，带领我踏上一段每走一步都有回报的旅程。我被邀请暂停下来，找到自己的立足点，在心灵深处遇见未知的自己。我的心灵进入了一个广袤无垠的空间并安宁下来，渗透到探究我是谁的各个方面，我对自己有了新的认识。我由内而外地改变了。我的世界改变了。

正如作者所说，这段旅程是"为了想要在真实世界中'成为'非暴力的人"。非暴力体现在身体感觉上的话，是放松且敞开的善意状态。这种状态根植在一种认知之中，即从本质上来说，自己这个自我与其他自我并无区分。联结（或互相联结）是非暴力沟通（NVC）以及《安居12周正念练习》中反映的核心。然而，无区分不是我的大脑（无论多么聪明）或我的意志（无论多么坚强）能够完成的事情。虽然我阅读了有关非暴力的书籍，甚至掌握了非暴力沟通提出的语言范式和表达方式，但只有当这些教导从内心迸发出生命活力时，我的生活和我的世界才会发生转变。尽管这段旅程贯穿了我的一生，但《安居12周正念练习》为我提供了牢固的、为期12周的"脚手架"，让我无论是独自一人，还是与拥有共同意愿的安居同行者一起，都能处在当下，甚至更有力量地去尝试、体验和整合这些充满智慧的教导提供的生命存在和看待生命的新方式。

对我来说，《安居12周正念练习》不是一本通常意义上拿来阅读的书，它是一本犹如指路明灯一般清晰的指南手册。它带我踏上旅程，在新的光明中发现自己。如果我愿意花时间一次又一次地反复回到"安居"并审视自己，我将在我以为是自己的"面孔"里看到不熟悉的角度、方面和可能性。我可能会发现我不是自己在镜子里看到的自己——不是我认为的（好的、善良的、能干的、聪明的、坚强的）"自己"，也不是我不想成为的（坏的、愚蠢的）那个人。我纯粹只是完整的生命存在，与内在的自己及"他人"深刻联结，处在不断变化和生机勃勃的流动之中——我们把这种动态的神秘称之为生活。

作者的包容、对老师的尊重，以及他们说"这本书没有什么新鲜东西"的谦逊态度，都让我倍受鼓舞。尽管智慧之源年代久远，但每一代人都渴望用他们的语言、他们生命历程的发展形式和文化方式，来表达智慧。当我踏上"安居"之旅践行这些教导时，我不仅转化了我自己和我所处的世界，还为下一代灌溉了成长的土壤。我们生活在一个急剧变化的时代，我们每个人度过这宝贵一生的方式将塑造人类的未来。我很感激《安居 12 周正念练习》在这里像朋友一样支持我们。

吕 靖 安
（ **Lucy Leu** ）

吕靖安（Lucy Leu）是国际非暴力沟通中心的前董事会主席，国际畅销书《非暴力沟通：一种生命的语言》（ *Nonviolent Communication：A Language of Life* ）的编辑，《非暴力沟通实践手册》（ *Nonviolent Communication Companion Workbook* ）的作者，以及《非暴力沟通培训师应用指南（暂定名）》（ *NVC Toolkit for Facilitators* ）的作者之一。她参与创办了"自由计划"项目，为监狱囚犯和重新融入社会的人提供非暴力沟通和正念培训。靖安从 1986 年开始练习内观冥想。2008 年，她通过"洞察力对话"接触到关系冥想，一直积极参与"洞察力对话"的练习和社群服务。

英文版序二

　　我认识居杰和凯瑟琳很多年了。在我认识的世界各地的非暴力沟通培训师和实践者中，凯瑟琳和居杰是我尤为喜爱和感到亲近的两个人。我非常尊重和欣赏他们言行一致的生活方式。

　　我是在2000年初在旧金山带领一个非暴力沟通练习小组时认识了居杰。他加入小组不久后，我们需要更换场地，居杰主动提出让我们使用他的公寓。他当时在旧金山学习和生活，并与很多人合用一套公寓。因此有好几年，我都是在居杰居住的公寓客厅里带领一个非暴力沟通练习小组。

　　我喜欢每周去这个小组，我最享受的是居杰的参与，以及他的处在当下。对我来说，正念和精神成长在那时、之前和以后都是极为重要的。我之所以被非暴力沟通创始人马歇尔·卢森堡（Marshall Rosenberg）吸引，很大程度上是因为我从他的教导中听到和体会到的精神。对我来说，精神成长就是看到并体验到我们都是合一的生命。正念和冥想带我进入这一真实性，并且需要我每时每刻加以练习。这些练习训练我的思想和注意力去到"那里"，并且在我迷失时，通过全心全意地练习，一次次地回到"那里"。而且，我常常会丧失觉察，这让我有时会感到非常沮丧、痛苦和气馁。生活处处充满挑战，我大脑中负责生存、安全和自我保护的区域不断被触发出压力、恐惧和愤怒，以及战斗或逃跑的冲动。这需要勇气、力量、毅力，尤其是自我慈悲，才能不断地重新练习。

如果我们每个人都这么练习，我相信，我们正在做一件不仅对个人的身心健康有利，而且对整个人类也同样重要的事情。我相信，在进行这项练习时，我们可以有意识地使我们的大脑与神经系统进行重组和进化，让自己越来越少地被原始和本能的大脑区域所支配，而更能有意识地选择使用和强化大脑中与爱、美、慈悲、善良和贡献相关的部分。我们每天都在改变大脑，这让我们少用一些暴力，多给予一些爱和善良。

我把非暴力沟通作为不断寻求真实性过程中给予我们支持的语言工具。但是，就像马歇尔一遍又一遍地强调的那样，为了让它起作用，不能只是把它当成我们的语言模式。它更是意识、觉察和处在当下，以及体验人与人之间以及人与其他生命体之间共通的慈悲联结。我从一开始就在居杰身上看到，他内心深处充满宁静和爱，并有能力以这种状态践行和分享非暴力沟通，而且随着时间的推移，他的能力愈发深厚，这让我感动，并且触动了我的心灵和灵魂。

在和凯瑟琳的相处时，我觉得她就像照亮天空的一盏明灯。她在自己创立的探博学校（TEMBA）和"野孩子！"（Play in the Wild！）营地项目中与学生分享非暴力沟通。我看到她多年来为青年人所做出的改变其一生的贡献。她给大家的影响在于：当人们回首往事时，会记得跟她学习是一个转折点，那段学习经历让他们更能活出自己期待的生活，拥有更好的人际关系，并能够为自己期待的世界做出贡献。凯瑟琳把她的勇气和激情转化为表里如一的生活和服务，这对她周围的人深具感染力。

　　有一次，我和她在新墨西哥阿尔伯克基参加为期9天的非暴力沟通国际强化学习营时，附近一所学校刚刚痛失了一名学生，我们收到了请求支援的消息。凯瑟琳立即行动起来，把我们几个参加培训的人召集起来去往学校。当我们到了那里，她与校方领导和老师们协调，组建了同理倾听支持小组，让我们帮助学校的不同群体。看到她的领导力和魅力以如此温柔、体贴和有力量的方式展现出来，真是让人赞叹。当她与成年人和青年人交谈时，带着真情实感，并且话语清晰，充满关爱与慈悲。这就是我眼中的凯瑟琳。

　　居杰和凯瑟琳在各个方面都是伴侣，他们激励着我和其他很多人。他们整合了正念、精神性和其他原则，并在美国和世界各地进行分享。我相信，他们正在帮助越来越多的人更加方便、有效地应用非暴力沟通。我相信，在人类从诸多暴力和苦难走向和平慈悲，在这个小小的星球上以健康、有意义和可持续发展的方式共同生活的过程中，非暴力沟通扮演着重要的角色。与凯瑟琳、居杰以及安居的其他参与者在一起，你就是这个旅程的一部分，并在为之做贡献。感谢你坚信并致力于做这些练习，这不仅会丰富你的生活，也有助于我们创造一个我们知道是有可能实现的世界。

约翰·凯恩
（John Kinyon）

约翰·凯恩是国际非暴力沟通中心认证培训师；"调解人生"联合创始人；《冲突沟通力》（*Choosing Peace：New Ways to Communicate to Reduce Stress，Create Connection，and Resolve Conflict*）、《内耗自救手册（暂定名）》（*When Your Mind Sabotages Your Dreams*）作者之一。

目　录

第 1 周

我们在这个奇妙的星球上，

短暂的时光里，

必须向彼此深深鞠躬——

向地球，

向其他所有有情感的生命体。

用爱的力量来抵御——

一切在我们和整个生命王国之间

制造障碍或横阻隔阂的东西。

——爱丽丝·J.莱恩

（A lycee J.Lane）

请柬：欢迎来到安居

我们同行，互送对方回家。

——拉姆·达斯
（Ram Dass）

和平，慈悲，智慧。

当你阅读这些词汇的时候，你想到了什么？

你想到了自己的生活，还是他人的生活？你想到了自己生活和工作的地方，还是异国他乡？你想到了当下的生活，还是你希望拥有的生活？

作为冥想老师，实践非暴力的教育工作者以及非暴力沟通认证培训师，我们在全球六大洲给成千上万人做过培训。无论在哪里，人们常常以不同的方式问我们同一个问题："我今天学到的东西很棒，但是如何应用在我的日常生活中呢？"

假如和平、慈悲和智慧，不仅仅是你偶尔听到的美好词汇，而是你日常生活中的真实体验，会发生什么呢？如果你的家是你的圣殿，你的生活是你的精神导师，又会怎样呢？

对我们而言，这些不是抽象的问题。我们每天也在婚姻中，在与亲戚、邻居和同事的关系中。遇到这些问题。身为老师，我们感到有责任在自己的生活中实践我们所提倡的理念；在激烈的讨论中与我们的呼吸和感受同在；直面我们的情感创伤和根深蒂固的信念，看到这些对我们与他人的关系所造成的影响，并负起责任；同理倾听他人的需要，也为自己的需要发声——即使在感到害怕的时候。

我们越来越了解，尽管大部分人都很享受在离开工作坊或静修营时的感觉，但是回到家以后，更大的功课才刚刚开始。觉醒的境界听起来不错，但是我们都很想知道如何与我们的伴侣以慈悲、相互尊重和体恤的方式谈论家里的钱怎么花，或者在所在的社群里如何明智地解决一些基本问题。2007年，以美国军队为首的各国军队持续入侵阿富汗喀布尔，塔利班不断实施自杀式炸弹袭击。当时我们在给一些和平领导者做非暴力沟通培训时，在场的人们讨论最激烈的话题却是，如何与邻居坦诚沟通垃圾和污水的问题。

为了响应把精神成长带回家的呼声，我们在2010年开创了安居。Ongo（安居）也是坚持不懈进行精神修习的简称。我们想为人们在日常生活中的静修提供支持。我们想要创建精神成长社群，即使人们在家或在工作，也能感到来自社群的关怀和联结。我们希望教授的内容和练习，对大家面临日常生活中的各种关系和压力也是有意义的。

每一天，我们的生活都在给予我们机会，唤醒我们通往平和的心灵和思想。你的手中握着在生活中探索和实践这种可能性的请柬。

本书给出了在家中"从此处到彼处"的方法，提供了12周鼓舞人心的指南，并给出一步步前行、创造支持和陪伴的方式。只要你愿意，就可以踏上这个旅程，不需要任何其他先决条件。

这些练习主要源自非暴力沟通和正念。其中一些也来自其他传统的智慧，例如：非暴力（Nonviolence）、十二步（The Twelve Steps）、史蒂芬（Stephen）和昂德里亚·莱文（Ondrea Levine）的研究，以及与我们有直接往来的部落长老们。我们相信，我们所教授的练习都源自很多国家和地区的传统。我们尊重这些传统传承下来的方式，也很荣幸本书中没有什么崭新的东西。就像代代相传的故事一样，每一次讲述都反映了所处时代及人性所需的进化。在分享这些练习时，我们敬重那些被慈悲召唤而与他人分享这些智慧的老师们。我们敬重他们的前辈，他们也许为保留这种智慧付出了巨大的努力。

想象一下，不管你在做什么——从事任何事务、静止不动、说话或沉默，你都是活在自己的精神修习中。想象一下，你的精神修习和日常生活是一体的，没有分开。这本书通过一系列简短、简单、可行的练习，让你在三个月里把精神修习融入日常生活中，实现两者合为一体的人生。

本书进一步发展当初创立的安居，改进我们分享的这些修习方法。这是我们让世界各地的任何人都能获得安居的支持、陪伴和智慧的最佳尝试。我们希望在书中找到的，不仅是针对生活中遇到的问题的答案，也能找到一条精神修习的道路，深入看待你的问题，让答案在你的领悟和探索中浮现。

你手里握着的这封请柬，

是一封邀请你踏上和平、慈悲和智慧的旅程的请柬，

是一封探索这趟旅程意义的请柬。

如何使用本书：快速开始指南

🍃 阅读"请柬：欢迎来到安居"。（2 页）

🍃 **如果是个人练习安居**，阅读"个人练习：总目标"（6 页）。然后，选择一个开始进行12周安居练习的日子，并从"第1周：个人练习"（35 页）开始。

🍃 **如果和另一个人一起练习安居**，两人均阅读"个人练习：总目标"（6 页）和"为伙伴练习做准备：伙伴练习指南"（9 页）。然后，一起选择一个开始进行 12 周安居练习的日子，并从"第 1 周·伙伴练习"（30 页）和"第 1 周·个人练习"（35 页）开始练习。

🍃 **如果参加一个已有的安居小组**，阅读"个人练习：总目标"（6 页）和"为伙伴练习做准备：伙伴练习指南"（9 页）。在第 1 周小组练习后，你们从"第 1 周·伙伴练习"（30 页）和"第 1 周·个人练习"（35 页）开始练习。

🍃 **如果你想参加一个安居小组**，但附近没有，阅读"建立支持圈：如何启动新的安居小组"（12 页）。

个人练习：总目标

对我来说，这些练习简单易行，所以安居学习结束后，我还在继续做其中的很多练习。我发现，这些练习虽然很简单，但它们的累积效应很强大。

——来自尼日利亚的莱佛卡

（Franca N.）

个人练习是安居的"心跳"。一周五天持续进行的节奏，强化了我们每天在智慧和慈悲方面的成长与发展。我们发现，相对于等待"空暇"时间再练习，每天投入相对短的时间进行练习，更让人感到有活力，也更加持久。

安居个人练习是为个人进行练习设计的。即使不参加小组练习，你也可以依据本书中个人练习的指南，完成一次完整的安居体验。当你按照书中安排的顺序进行练习，就踏上了一趟为期12周的安居旅程，同时逐步深化你的理解和技能。

每周提供三个与本周主题相关的个人练习，并穿插两个"铭记在心"（Rememberings）。在本书中，"铭记在心"是指具有启发意义的引文，帮助我们深化练习，并引导我们触及练习的核心。这些引文帮助我们记得"做"练习（Do-ing）时蕴含的"状态"（Be-ing）。这样，即使在无法专门做练习的日子里，我们仍能思考如何在做其他事情时，体现练习时的状态。这样的练习安排也是为了支持你灵活且深入地进行练习——你总是可以选择等待一天后做某个特定的个人练习，或者等待两天后真正地投入某个练习之中。

以下是如何充分使用个人练习的一些建议：

🍂 **每天安排练习安居的时间。**很多人发现，安排固定的时间进行个人练习可以减轻每天"腾出时间"的压力。我们建议每天至少安排 30 分钟练习时间，每周安排三天。大部分的个人练习所需时间少于 30 分钟，但练习内容非常丰富，所以如果你愿意，也可以花更多时间练习。在其他日子里，花几分钟时间阅读和反思"铭记在心"里的引文，以保持和安居鲜活的联结。有人也喜欢在"铭记在心"日里抽出额外的时间进行冥想。

🍂 **不只是阅读练习指南，还要做练习。**这些练习带给人们真正转化的体验，而非思考时瞬间的灵感。把握这些练习和体验的机会。

🍂 **在给定的时间内进行练习。**"完美"时刻（也就是没有其他事情吸引我们注意力的时候）很少出现，最佳的练习时间就是当下这一刻。另外，这些练习的难度是逐渐增加的，所以一开始学习的时候，最好按照书中的顺序进行。

🍂 **根据练习指南进行练习，**即使你觉得自己已经知道如何进行那个练习了。艺术家乔治亚·欧姬芙（Georgia O'Keefe）为了充分了解一朵花，会把同一朵花画上几百次。每次重新做一个练习时，我们或许会比之前有更多的发现。当某个练习让我们发生了改变，我们可能会改变练习的方式。

🍂 **缓和地进行练习。**佛陀曾经建议一位在冥想练习中苦苦挣扎的鲁特琴演奏者，对待练习要像给鲁特琴的琴弦调音一样——不要太紧，也不要太松。实践非暴力意味着我们在培养对自己和对他人的非暴力。

🍂 **有些个人练习可以采用更多的方式，**书中用以下图示进行了标注：

如果你做练习时遇到了障碍，"小贴士"给出了练习建议。

扫描本书勒口处的二维码，免费获取"引导音频"。

"即时练习" 提供 1~2 分钟的另一种练习版本，让你即使是在忙碌的一天中也可以进行练习。

"深化练习" 为有经验的练习者提供建议，更进一步地探索某个特定的练习。

为伙伴练习做准备：伙伴练习指南

如果没有伙伴练习，我无法想象自己能从安居旅程中获得什么好处。我在伙伴练习中学到的最多，也更乐意冒险了。因为我们均有呈现自身脆弱的空间和练习架构，我开始对自己产生了些许信任，也真正爱上了和我一起练习的伙伴们。

——来自美国的安迪

（Andi W.）

安居练习伙伴是你在安居旅程中亲密的陪伴者。他们在旅程中给予你同理倾听和支持，并且以不同于个人练习和团体练习的方式深化你的学习。一些参加过安居的人，把伙伴练习当成是他们的安居旅程中最具挑战、也最有收获的环节。

每周1小时的伙伴练习提供了安全的空间和架构，让你可以放下过去的习惯和状态。这是在你的安居伙伴面前练习新的生命存在状态的机会。如果你已经是某个安居小组的一员，那么在安居旅程中，你将会遇到三位不同的安居伙伴。在第1周、第5周和第9周的小组练习指南中，你会看到如何选择伙伴。如果不参加安居小组，你仍然可以邀请某个乐意练习的朋友或者家人，和你进行伙伴练习。

我们给安居伙伴提供以下建议：

在与伙伴见面前：

🍃 **通读一遍当周的伙伴练习内容**，了解你们要一起做的练习。这有助于你清晰地知道如何一起度过练习时间。因为了解而感到放松，促进双方的共识和联结。

🍃 **安排双方都方便的聚会时间**（每周 1 小时）。我们设计的伙伴练习可以用打电话或面对面的方式进行。

在伙伴练习时带上以下物品：

🍃 练习日志本或一些纸张。

🍃 钢笔、铅笔，或者其他喜爱的书写文具。

🍃 本书《安居 12 周正念练习》。

在伙伴练习进行时：

🍃 **在一个安静的地方见面或打电话**，这样可以减少外界的干扰。想象一下，你们在共创一个神圣的聚会空间。

🍃 **相聚时，你们就像身处在一个神圣之地。**这些练习常常会引发内心深处的脆弱感，也会让双方感到非常亲密。建议自始至终以促进安全、信任和尊重的方式与对方相处。

🍃 **遵循书上的练习架构**，这样就能知道它带来的好处。即使其中一人在其他场合做过一些类似的练习，你们也可能会发现在以本书所述的方式做这些练习时，有新的意义出现。

🍃 **有意识地选择练习的分量。**一些练习可能会唤起深刻的情感和对过往事件的回忆。当你选择你想要在练习伙伴面前练习的生命事件时，选择那些可以让你有进一步学习，并且让你感到安全的事件。

- 如果某个练习让你产生了不安全的感觉或回忆，你可以向你的练习伙伴承认这一点。深呼吸，感受你的身体和地面的接触。制定计划，和一位值得信任的朋友或治疗师一起解决你的问题，这样你就可以把自我的这一重要方面带入你的"安居"之旅。

- 克制陷入旧习惯的冲动，不以同情、修复问题、解决问题、给予建议或讲述旧故事的方式回应练习伙伴。尽管这些联结的方式并没有什么错，但安居是为了练习新的生命存在方式，一种可能会让人感到更脆弱且又不太熟悉的方式，然而它最终会带来回报，让人感到更大的生命存在感。

- 如果你想与练习伙伴以一种不同于书中的练习方式联结，一定要先和对方确认。这样做代表你们共同做出了选择，而且会让对方接收到你的体恤之心。

- 请记得，做任何练习都没有"错误"的方式。我们都在学习。

- 放松并享受你们在一起的时光。

建立支持圈：如何启动新的安居小组

安居帮助我双脚更加稳固地踏在地面，我可以更加频繁地走在我渴望的平和与当下的道路上。我喜欢每天都能得到支持，因为我知道我正在和一群走在相同道路上的探索者共度旅程。

——来自美国的阿迪娜

（Adina R.）

在做本书的练习时，你就已经加入了全球的安居练习者社群。即使只做个人练习，不参加安居小组，你仍会获得丰富的安居体验。

当你想要更切身地体验社群的归属感并得到支持，也许就要在当地建立支持圈。与他人同行可以深化你的个人旅程，让你有地方安放挣扎、庆祝成长，并从他人的经验中学习。有时候因为某种原因，你的生活让你感到很脆弱而无法做练习，安居小组每周的聚会能够营造一个安全的保温箱，让大家探索和练习。在感到孤独时和他人相聚，坐下来，即使是静默不语，也能给我们带来慰藉。在团体中分享智慧，会深化我们在精神成长之路上互相陪伴的感觉。

启动安居小组，仅需了解以下方面：

给安居小组参与者的建议和请求：

🍃 **人们自愿加入小组**，提升自身生活的智慧和慈悲，而不是迫于他人的压力加入。

- 参加小组的人对安居已经有一定的了解，无论是自己阅读过本书，或是熟悉本书的人曾向他们讲解过。

- 每位参与者需要有自己的《安居12周正念练习》，用于个人练习和伙伴练习。

- 参与者需承诺参加12周聚会中的大部分场次，特别是开幕及闭幕的聚会，以支持小组成员彼此之间的联结和共享的目标。

- 参与者需对大家在小组聚会和伙伴练习中分享的所有内容保密，以照顾到每个人的安全感和信任感。

小组组织者的行动步骤：

- **熟悉安居的架构**，通读书中"请柬：欢迎来到安居"的相关内容和"个人练习：总目标""为伙伴练习做准备：伙伴练习指南"以及"带领小组练习：小组带领人指南"的介绍。

- **邀请3~19人和你一起**成立一个安居小组。小组成员如果少于4个人，练习过程中的一些学习体验可能不够丰富。如果多于20个人，一些人之间可能会失去联结。

- 在为期12周的安居旅程中，**选择每周适合每个人参加聚会的时间**，每次1.5小时。安居之旅将在第一次小组聚会的当天开始。

- **选择一个安静、舒适和交通便利的场地**进行小组聚会，或者也可以轮流在每个小组带领人的家中进行。

- 安居小组的组织者将担任第1周小组练习的带领人。在剩余的安居聚会中，将由其他参与者分担这一责任。

带领小组练习：小组带领人指南

安居让我有一个社群，并在智慧的指引下，大家选择用同理心、尊重、信任、深入的联结、滋养和支持来相互扶持。在我人生的这个时期，这真的很重要。

——来自澳大利亚的凯特

（Kate F.）

在团体中进行安居的旅程，让朋友、家庭成员和社群成员有机会一起在精神成长的道路上同行。安居小组每周聚会一次，使用书中与安居小组相关的指南，大家可以一起寻找乐趣、共同学习和相互联结。通常，每周的小组练习以冥想开始，之后是简短的讲解和练习活动，最后以分享收获和表达感激结束。每组有一名带领人。小组带领人的角色是为大家提供练习顺序和清晰的指引。在 12 周的小组练习中，每名参与者都将轮流担任小组带领人。

因为这是权力共享的架构，所以当轮到你带领小组和指导大家时，无须感到害羞。事实上，当你在场主动给予指导时，能够支持团体里大家学习的渴望和安全感。

以下列出了小组带领人的职责。这些职责以及你带领练习的当周的小组练习内容，逐步列出了作为小组带领人需要了解的每个方面。你不需要事先具备相关经验或知识，只需在小组练习的前几天花时间通读一遍，进行准备——并且记得，要乐在其中！

在小组练习前 2~3 天：

- 阅读你要带领的当周小组练习，这样就能提前了解大家要一起做的事情，以及可能需要准备的东西。

- 提醒每个人聚会的日期、具体时间、地点以及他们需要做的准备。请参考你带领的当周小组练习开头的"所有参与者准备"部分。并非所有小组练习都需要参与者做准备。

- 按照"小组带领人需要准备"列出的事项进行准备，这部分可以在你带领的当周小组练习的开头找到。

如何阅读小组练习部分：

活动是什么（横刷一笔 + 彩色字）→　　**开场冥想**

做什么事情（粗体字）　　→　**安静一会儿后，向大家宣读以下练习指南**

如何进行（非粗体字）　　→　用让大家感觉轻松的方式朗读练习指南

说什么（缩进 + 左侧画竖线）→　| 坐好，身心安定下来。舒服和放松地坐着

- 每个活动都从刷了一笔的标题开始（例如，开场冥想）。

- 标题下面用**粗体字**标出了提供给小组带领人的说明。必要时，会用不加粗的文本提供额外的解释。

- 左侧画竖线并缩进的文字部分是要向大家大声朗读出来的。

小组练习时需要带着：

- 一个小铃铛或者其他声音柔和的乐器，用来示意某个练习（例如：冥想）的开始和结束。

- 用来计时的手表或其他设备。

- 🍃 纸张或索引卡。
- 🍃 钢笔、铅笔、荧光笔或其他书写文具（尽量准备多种颜色）。
- 🍃 本书《安居 12 周正念练习》。
- 🍃 从第 2 周的小组练习开始，准备需要卡。（第 1 周的带领人可以忽略）
  查看附录 357 页的"需要卡"说明。

在小组练习当日：

- 🍃 **把座位摆成一圈。**这样方便参与者看到其他人，也利于被其他人看见，
  并尊重每位参与者座位所在位置的平等性。
- 🍃 **减少扰乱心神的物品、声音和气味，**这样有助于大家注意力集中并感
  到放松。例如：把场地内和小组练习无关的书籍或音响设备收起来。
  请参与者尽量不要喷香水或使用芳香类产品。提醒大家关闭手机。
- 🍃 **考虑在圆圈中央放置一些小而简洁的东西，**让人有受欢迎、受鼓舞和
  在一起的感觉，同时不妨碍任何人看到其他参与者，例如，可以摆放
  一些鲜花或一支蜡烛。

在小组练习时：

- 🍃 **如果这是你第一次参与安居，我们强烈建议"照本宣科"，**并支持大家
  同样按照书中为当周小组练习所提供的指南进行。即使你已经从其他
  培训中熟悉了一些内容和练习，但你也许会发现，当按照书中使用的
  方式练习时，它们会给你带来新的意义。与此同时，我们明白任何形
  式都有局限性，而本书提供的形式也是一样。如果这是你们小组第三
  次或第四次体验安居，那么你可能也会想从自身的其他经验和学习中，
  汲取新的内容和练习。
- 🍃 当你觉得大家在做的事情偏离了共同的目标时，**介入并给予温和的指
  导。**查看自己的感觉的一种方法是问大家："我发现现在有点偏离我们

的小组目标了，我想知道其他人也有这种感觉吗？"但有时候，有些正在发生的事情是有助于学习的，即使一开始对你或其他人并不明显。在这些时刻，你可以通过提问帮助大家看到这一点。先体会一下大家的状态，然后提出一个建议。一种简单有效的建议方式是："根据我听到的，我想提议＿＿＿＿＿＿＿。有没有人不乐意这样做？"你的提议也许是为了改变正在进行的事情，或者在某个时间段内让正在进行的活动继续下去。无论是哪种，提出建议，帮助小组中的所有人清楚要做什么。

🍃 **运用"权力共享型"领导力。** 在集体分享中遇到困难时，记得静默同理和全体一起呼吸的力量。作为小组带领人，使用安居的过程和智慧，而不是强迫自己解决问题或找到答案。当作为小组带领人或主持人被问到问题时，记得集体智慧。一起翻阅《安居12周正念练习》，看看其中是否有这个问题的答案，或者在小组里进行讨论。

🍃 **如果一个或多个小组成员回忆起了创伤或当下出现了创伤，请停止正在进行的练习或讨论，放慢练习速度。** 放慢的一种方法是邀请所有人一起做三次深呼吸，体会身体与大地接触的部位被大地支持的感觉。然后，做第一周小组练习中的慈心冥想（24页）。随后，与这位小组成员核对一下，看看他是否想现在与小组成员做些什么来处理出现的问题，还是想在小组聚会结束后与小组中的某个人进行一对一的交流。重要的是，他要有个计划，可能包括获得安居小组之外的专业人士支持，还有安居小组中要有人在过程中关心和支持他。

🍃 **留意时间，** 但不要担心时间。一般来说，按照小组练习章节中的指南，所有的活动都可以在1.5小时之内完成。如果有的活动需要的时间可能会超过1.5小时，书中会提供指南来判断何时让小组进行下一个活动。

🍃 **记得：要乐在其中！** 来到安居是为了丰富你的生命，而不是进一步增加负担。如果做带领人让你感到沉重，花点时间呼吸和放松。微笑，一切都会好的。

第 1 周

小组练习：安居圈

伙伴练习：安全、信任和尊重

个人练习：起始地、正念呼吸、身体正念

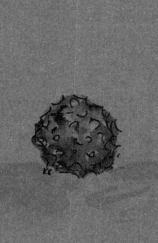

第 1 周 · 小组练习

安居圈

安 居 圈

　　进行一段时间的安居练习或精神修习，是为了在忙碌的生活中
停下来，向先辈、家庭和社群致敬。以这种方式来擦亮我们从千年
前最早的觉醒者那里传承的光芒。这是献上鲜花和香火，向生命的
礼物致敬的机会。

——艾尔特林·曼努埃尔

（Earthlyn Manuel）

所有参与者需要准备：

🍃 第一次小组练习时，请带上一份书面的意图声明，用来表达在生命的
　　此刻，是什么呼唤你来到安居，以及你在安居之旅的学习结束时，希
　　望带走什么。

🍃 若平时使用计划表、日历或日程表，也一起带着。

小组带领人准备（本安居小组的组织者）：

🍃 在小组练习前一两日，提醒大家聚会的日期、具体时间和地点，并邀
　　请大家带上自己的意图声明（见上文）。

🍃 阅读"带领小组练习：小组带领人指南"（14 页）的内容，并查看带
　　领人职责里的各项内容。

邀请每个人坐在围成一圈的椅子上。

向大家宣读以下内容：

> 欢迎来到安居圈的每一个人。我们聚成圆圈，是因为在圆圈里，我们每个人都有自己的位置，都能被看见和听见。我们都属于这里，每一个人在这里都很重要。
>
> 今天的聚会，我们从告诉圆圈内的其他人自己的名字开始。当有人说话时，其他人全心全意地倾听并保持安静，以此来欢迎说话的人。并且，在下一个人说话前，留出一点时间做一次呼吸。从我说出我的名字和做一次呼吸开始，接着从我的左边依次进行。

向圆圈内的其他人说出自己的名字。做一次深呼吸。安静地邀请坐在你左边的人说出他的名字并依次进行。

等圆圈里的每个人都说了自己的名字，你就继续宣读：

> 安居小组为我们修习智慧和慈悲提供学习、支持和陪伴。我们相互支持的方式之一是持续出席聚会，并相互做出承诺。我们请求大家参加大部分的小组练习和伙伴练习，并做大部分的个人练习。
>
> 我们相互支持的另一种方式是，呵护因为练习新的或不熟悉的事物而自然产生的脆弱感。我们可以创造充满安全感和信任感的空间，诚实地进行分享。为了支持这种安全感和信任感，请求大家为安居小组练习中分享的所有内容保密。在未得到分享者的允许前，不要在聚会之外提及。请大家相互支持，不要陷入传闲话、批评或给出不必要建议的习惯。

反之，让我们尽力去看到别人的脆弱，并留意它反映了我们自身的哪些脆弱。

第三个可以给予相互支持的方法是向前一步和后退一步。这意味着，如果你听到别人发言比你多，向前一步，试着多分享一些；如果你听到自己发言比别人多，退后一步，多倾听。这样，我们就能支持小组中每个人都发声，并听到不同的声音。你同意许下承诺、保密和关照每个人的声音这三个请求吗？

停顿一下，查看所有人是否都同意上述内容。如果并非所有人都能达成共识，就问问大家的意见，是否能简单地调整内容，好让所有人都能同意。如果无法达成共识，我们建议，为让每个人都感到轻松和觉得有意义，小组只保留愿意同意上述请求的参与者。我们的经验是，为了让参与者真正感受到来自小组的支持，安居小组需要有承诺、保密和关照。

在所有人同意后，宣读：

看看坐在你周围的安居社群里的伙伴。这是我们安居旅程所在的圆圈。在这趟旅程中，我们彼此支持，也为我们自己在圆圈中的位置负责。当我们练习的时候，生命中深层的东西会浮现出来，由你自行决定自己愿意在练习时处理多少。稍微地突破自己，但不要让自己觉得不堪重负。如果你真的感到不堪重负了，请让我们知道，我们可以帮助你共担压力。我们可以提供帮助的方法之一是给予你慈心。

每个星期，我们的聚会都会以冥想开始，以帮助我们开启安居的学习、安定身心，并记得我们小组的目标。今天，我们将一起做一次慈心冥想，我们可以在任何需要的时候一起做这个冥想，包括个人或小组感到压力重重的时刻。慈心是一种联结，一种对人对己无条件的爱。慈心并不是为了让我们产生某种特定的感受或相信某种特定的信仰。我们为一个目的集中注意力：联结和提供爱与善的能量，这些能量已经存在于我们的生命里，存在于我们自己的心里。

慈心冥想

邀请大家找到舒服的姿势坐好，身心安定下来。

敲一次铃铛，示意大家冥想开始。

安静片刻后，向大家宣读下面的练习指南。用让大家感觉放松的方式朗读练习指南，在句子之间停顿，并安静地呼吸：

> 闭上双眼，或只是双目柔和地低垂，将目光放置一处。放松身体。
>
> 做几次深呼吸，让呼吸顺其自然地进行。
>
> 轻轻地动一动脚趾头，体会双脚踏在地上的感觉；拉伸一下颈部，让脊柱挺直。
>
> 在冥想过程中，当你感到不在当下或思绪游离，轻轻地活动一下脚趾头，让注意力重新回到此时此刻坐着的地方——这个安全的、自己所在的"圆圈"。
>
> 让你的腹部随着每一次呼吸变得柔软。
>
> 现在，把注意力转移到内心充满爱与善的能量，并温柔地关爱自己。
>
> 在心里默默地对自己说："愿我平安，愿我健康，愿我幸福，愿我自在。"
>
> 默默地重复对自己说出这些祝福。

安静几分钟，然后宣读：

> 当你思绪游离，注意到它，并温柔地回到呼吸和祝福："愿我平安，愿我健康，愿我幸福，愿我自在。"
>
> 现在，在脑海里浮现出曾经帮助过你的一个人。也许你从未和他见过面，但他鼓舞过你。可以是一个成年人、一个孩子，或一只宠物。
>
> 把充满爱与善的能量献给他，在心里默默地对他说："愿你自在，愿你平安，愿你健康，愿你幸福。"

安静几分钟，然后宣读：

> 呼吸一次，留意腹部的柔软。
>
> 现在，在脑海里浮现出一位亲爱的朋友。可以是现在想到的第一个朋友。
>
> 把充满爱与善的能量献给他，在心里默默地对他说："愿你自在，愿你平安，愿你健康，愿你幸福。"

安静几分钟，然后宣读：

> 现在，我们是一群新朋友。心里想着这个安居小组的朋友们。
>
> 把充满爱与善的能量献给大家，在心里默默地对大家说：
>
> "愿你平安，愿你健康，愿你幸福，愿你自在。愿这个社群的支持，以及整个安居旅程中提供的指南和练习，在我们的心中，在我们的生命中，增长每个人的和平、智慧和慈悲。"

安静几分钟，然后宣读：

> 现在把我们的注意力、我们的爱与善给到世界每个角落里的生命。
>
> 愿所有的生命，我们知道的和不知道的，平安、幸福、自在。
>
> 愿所有生命都不再受苦。
>
> 现在，我将敲三次铃铛：第一次大家感激自己，第二次相互感激，第三次对支持我们能在这里相聚的一切事物表示感激。之后我们把手放在胸前，并简单地鞠躬一次来表达感激，结束这次冥想。鞠躬在很多传统中都是表示谦逊和尊重的一种方式。

敲三次铃铛，每敲一次后停顿一下，吸气，然后再敲下一次。
把手放在胸前，向大家鞠躬。

分享和倾听

向小组成员宣读以下练习指南：

> 我们邀请每个人在这次相聚时带来意图声明，用来表明在生命的此刻，是什么呼唤你来到安居，以及你在安居之旅的学习结束时，希望有什么收获。让我们从最先想要分享的人开始，然后依次进行，听听每个人来到安居之旅的目的。轮到你分享的时候，再说一遍你的名字，然后读出你的意图声明。无论是谁分享，请大家相互支持，带着好奇心，全心全意地聆听分享，而不是思考其他事情。同时，也请大家不要讨论、提问或评论每个人的分享。为了让大家都有时间分享，我们建议每个人发言的时间保持在 3 分钟左右。
>
> 谁想最先开始分享？

邀请第一位分享人说出他的名字，读出他的意图声明。

继续请圆圈里其他人分享，直到包括你在内的每个人都完成分享。

收获

问大家："刚才在分享和聆听时，有谁受到触动吗？"

邀请包括你在内的每位受到触动的人进行分享。如果没有人马上响应，或者一个人分享结束后没有其他人立即开始分享，大家都很安静，也没关系。在安静之中，可能有人正在积聚能量准备开口。只要呼吸和聆听，留出空间，直到你感觉大家没有更多想说的。

以感激每个人的分享和聆听作为结束。

安排伙伴练习

向大家宣读：

本周，我们每个人将和一位安居成员通电话或见面相聚，进行第一次伙伴练习。我们将在接下来的 4 周里，和同一个人每周相聚一次，直到第 4 周安居结束。我们将每个月更换新的安居伙伴，因而有机会与不同的小组成员进行一对一练习，深化我们的安居体验。

今天，我们将选择第一位安居伙伴。我们提议家庭成员和生活伴侣到第三个月再成为安居伙伴，以关爱安居开始时可能面临的脆弱感，以及家庭与亲密关系的各种拉扯。另外，寻找安居伙伴的目标不是找到"完美拍档"，而是凭直觉开始练习。现在，让我们安静地呼吸 1 分钟，想象一下，在这个圆圈里，你渴望和哪三位伙伴进行一对一的练习。

安静1分钟，然后宣读：

> 现在，体会一下邀请别人成为你的朋友时的脆弱感，转向那三个人中的一个。我们从这里开始讨论第 1 个月的搭档是谁。在第 2 个月和第 3 个月，我们会有不同的安居伙伴。当我们不去费力思索谁要成为自己的安居伙伴时，就有可能发生神奇的事情。所以，我们只花 5分钟来讨论这个问题。

记录时间。只剩下 1 分钟讨论时间时，让大家知道。

每个人都找到搭档后，宣读：

> 本次聚会后，请花点时间与你的搭档联系，一起安排你们的第一次聚会。在第一次伙伴练习前，确保自己读过"为伙伴练习做准备"的章节。最后，如果在接下来的几周，你或你的搭档无法持续参加伙伴练习，请联系小组成员，问问是否有其他人愿意做你这个月的后备搭档。

安排个人练习

向大家宣读：

> 每周，我们将独自进行三次个人练习，还有与个人练习内容相关的两个"铭记在心"。之前的安居参与者发现，每天设定固定时间有助于记得做练习，并在整周内都能体会到与安居更紧密的联结。我们推荐每周三天，各留出 30 分钟的时间进行个人练习。我们也推荐你在"铭记在心"的日子里，利用几分钟进行反思。很多人发现，每天清晨

是让人感到头脑清醒且心境平和的练习时间。无论选择什么时间，找到你感觉放松且清醒的时候。

邀请大家用几分钟安排每周的个人练习时间，并记在自己的日历、手机或一张纸上。

提醒每个人阅读"个人练习：总目标"（6页）。

结束

邀请一位志愿者带领下周的小组练习。他将担任第 2 周小组练习的带领人。

提醒这位志愿者，在下次聚会前阅读"带领小组练习：小组带领人指南"（14 页）和"第 2 周·小组练习"（50 页）。

邀请大家一起安静地做三次完整的深呼吸。

邀请每个人说出自己的名字，并用一个词说明他们第 1 周小组练习的收获。从你左边的人开始，顺时针进行，直到包括你在内的每个人都进行了分享。

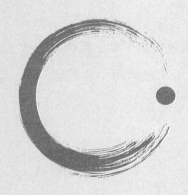

第 1 周 · 伙伴练习

安全、信任和尊重

安全、信任和尊重

非暴力的方法不会马上改变压迫者的内心。它首先触动的是那些有志于此的人们的心灵和灵魂。它给了他们全新的自尊，唤醒了他们连自己都一无所知的力量和勇气。

——马丁·路德·金

（ Martin Luther King Jr. ）

开场冥想

用几分钟的时间问候你的新伙伴，或许可以与对方分享一些他们可能还不知道的、关于你的事情。

决定谁朗读冥想引导词，谁为一起静坐计时。

无论谁朗读以下引导词，在段落之间暂停，让大家都能跟上：

> 做一次深呼吸。
>
> 觉知你的身体，体会当下出现的任何身体感觉和感受。如果需要，花一点时间调整你的身体姿势或坐姿，以支持你更舒服地进行练习。
>
> 再做一次深呼吸。呼气时，温柔地邀请身体和心灵放松，安定下来。

在接下来的几分钟里，把注意力集中在呼吸上，自然顺畅地呼吸。一旦你发现自己在思绪中迷失，温柔地把注意力带回到呼吸的进出上。

一起坐着冥想 2 分钟。

计时的人在 2 分钟后提醒对方时间到了。

最后，向你的伙伴鞠躬，感激他和你一起坐着。

练习：安全、信任和尊重

两人轮流，缓速朗读以下练习指南：

通常，当我们第一次与刚刚认识的人或团体相聚时，会出现安全、信任和尊重的需要。今天，我们利用这次机会，做一个双人冥想练习，来了解每个需要，探索它们如何在我们身上体现。这种练习形式没有交谈或对话。相反，它邀请我们自己和练习伙伴单纯地保持好奇心和处在当下。

过一会儿，我们将轮流问对方一些关于安全、信任和尊重的开放式问题。当轮到自己回答时，我们可以自由地分享任何脑海里出现的答案。这次练习让我们全面地探索被问到的词汇对我们而言有什么意义。它在我们身体里如何鲜活地存在着？出现了什么和它相关的身体感觉和感受？当我们独处、和别人在一起以及在团体里时，我们和它的关系如何？当它得到满足或者未得到满足时，是什么样的呢？关于这个问题还有其他回答吗？如果我们发现自己陷入了思索自己所说的内容时（例如：评价它是否是一个"好"答案，我们说的过多还是过少，甚至思考我们的回答对练习伙伴是否有意义），只需留意，呼吸，回到当下，让答案自然浮现。允许内心出现的任何声音。

轮到我们倾听时，保持安静并全心全意和对方处在一起。如果对方说话时，我们发现自己冒出了一些想法，并且陷入了这些想法中（例如分析、评判、比较、质疑，或者想到我们自己的事情），只需留意，呼吸，然后回到当下。我们不给对方任何口头回应，也不和对方确认我们听到的内容。对于我们所问的问题，允许对方给予任何回应，给这些回应空间，听到它们。

花点时间互相询问对方，以确保两人都理解上述倾听和回应的指南。如果需要，其中一人可以再大声读一遍。

一旦双方都理解以后，决定谁是"甲"，谁是"乙"。

然后，处在当下，开始练习：

1. 甲问乙："什么是尊重？"

2. 乙回答，甲倾听。当乙完成了回答，乙呼吸一次，然后问甲："什么是尊重？"

3. 甲回答，乙倾听。当甲完成了回答，甲呼吸一次，然后问乙："什么是安全？"

4. 乙回答，甲倾听。当乙完成了回答，乙呼吸一次，然后问甲："什么是安全？"

5. 甲回答，乙倾听。当甲完成了回答，甲呼吸一次，然后问乙："什么是信任？"

6. 乙回答，甲倾听。当乙完成了回答，乙呼吸一次，然后问甲："什么是信任？"

7. 甲回答，乙倾听。当甲完成了回答，甲呼吸一次，然后说："完成了。"

8. 一起做三次深呼吸。

收获

"收割"每个人做这个练习的收获。收获环节是为了分享我们练习体验里印象深刻之处，包括喜欢的、发现有挑战的，还有学到的或新发现的。

个人练习支持

讨论你们在本周的个人练习过程中如何互相支持。每对练习搭档可能都有不同的支持方式，这取决于每对练习搭档认为最能相互支持什么。例如，一对搭档可能想每天在完成他们的个人练习后，给练习伙伴发短信或电子邮件；另一对搭档可能想要每周打一个电话，简短地分享他们在那一周做个人练习的体验。

结束

向练习伙伴表达感激，感谢对方在练习中给自己的支持。

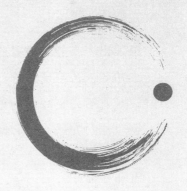

第 1 周 · 个人练习

起始地、正念呼吸、身体正念

起 始 地

高堂素壁，无舒卷之劳；明窗净几，有坐卧之安。

——宋·洪迈

《夷坚志》

今日……

　　整理出一个能够滋养你的空间。 它可以是整个房间，也可以只是房间里的一个角落，甚至是户外。选择和创设一个空间，尽可能营造一种既轻快又沉静、既有活力又静谧的氛围。通常，如果这个空间很安静，看起来整洁有序，会对你的安居之旅有帮助。我们想要创设一个地方，能让心灵感到开放和温暖，思绪安定，不会因为任何让人分心的物品而烦躁不安。现在就花一些时间，把这个空间里任何不能支持你如此的东西拿走，或者想办法遮盖起来。

　　如果你已经有一个这样的空间，花些时间整理一下，让它整洁、有活力，并且能与你当下的心声呼应。例如，你可能想要清理和移除任何与安居练习不相关的物品。来点创造力——跟随你的直觉，感觉一下在你当下的生活里，这个空间要保留和移走什么。

　　在这个空间里添置你觉得可以支持你进行安居练习的必要物品。你至少需要一把椅子或一张坐垫，能让你舒服且挺直地坐着冥想。你可能还需要最喜欢的钢笔或铅笔用来写字和画画，以及毯子、柔和的灯光，或一支蜡烛、水、熏香、植物或花卉、声音柔和的闹钟或计时装置，以及能鼓舞和提醒你的精神目标的照片或画作。

如果还未写下你的安居意图声明，**现在就写下来**。是什么召唤你在生命的这个时刻来到安居？安居之旅结束时，你希望带走什么？

布置完成后，花几分钟（或者更多）时间，只是享受处在这个空间里：微笑，呼吸。

起 始 地

铭记在心

尝一脔肉，知一镬之味；悬羽与炭，而知燥湿之气；以小明大。
见一叶落，而知岁之将暮；睹瓶中之冰，而知天下之寒：以近论远。

——（西汉）刘安

《淮南子·说山训》

今天是我们第一个铭记在心日。铭记在心日邀请我们以自己觉得最有支持的方式，深化对前一天个人练习的理解。这为我们提供了一个机会，让我们可以自由地尝试那些最吸引我们的练习。

例如，在铭记在心日，你可以：

🍃 根据前一天的个人练习，花几分钟时间阅读"铭记在心"（引文），反思它对你的意义。在铭记在心的引文下方的空白处写下你的反思（今天是《安居 12 周正念练习》中唯一写出指南而不是留下空白处的铭记在心日。）

🍃 再做一次前一天的个人练习，也许可以用不同的方式或不同的情景进一步练习它。也许你想进一步探索某个方面或再花更多的时间进行练习。

🍃 做任何你觉得有帮助且能让你打开心灵的其他练习，比如户外散步、冥想、祈愿、瑜伽或跳舞。

如果你选择在铭记在心日做练习，我们建议你至少每次都阅读引文，并花点时间有意识地把它与你的安居练习联系起来。

正念呼吸

觉悟一直都在。吸气时，意识到你还活着——你能触摸到活着的奇迹——那么，这就是一种觉悟。许多人活着，却无法触摸到活着的奇迹。

——释一行

(Thich Nhat Hanh)

觉知呼吸进出的冥想练习虽然简单，却有着深入持久的好处。它不只是一天中片刻的宁静时光，一种自然本能，更是在我们记得它的时候，为我们创造自由，让我们选择如何回应生活，而不只是做出惯性的战斗、逃跑或僵住的应激反应。

今日……

坐在第一天创设的练习空间里。无论你坐在椅子、地毯还是冥想坐垫上，花点时间找到既舒适又能让你保持清醒的坐姿。

感觉大地正在支持着你的身体。让身体在椅子或坐垫上放松下来，体会一下这种感觉。如果你的双脚踏在地面上，感受它们和地面的接触并放松。

计时 12 分钟，或者让别人在 12 分钟结束时告诉你。在这段时间里，只是觉知呼吸的流动，就好像你在海洋里感受潮起潮落。如果可以，用鼻子而不是用嘴巴呼吸，这样可以让呼吸保持平静柔和。

　　觉知吸气直到吸满，停顿，呼气，片刻的静止，然后再自然地开始吸气。**就这样与呼吸同在，直到结束。**如果可以，让呼吸声更轻微，越来越不用力地呼吸。

　　我们的注意力常常游走到思绪上，发生这种情况时，**轻轻地把注意力带回到呼吸的一进一出上，带回到身体安住在大地的感觉。**无须指责自己注意力游离或感到羞愧，只是重新回到单纯地觉知呼吸。一切与对错无关，只是重新回到单纯地觉知呼吸上。

　　在 12 分钟结束后，花点时间在原地慢慢地舒展你的身体。结束时，感激自己花时间和生命的礼物——呼吸——同在，感激大地给予你的支持。

 小贴士：如果把注意力集中在呼吸上让你感到躁动不安，或者发现自己体会不到身体的感觉，就把注意力转移到身体上某个让你感到愉快、平静和踏实的部位。例如，感受身体与地面接触的部位，或者皮肤上的某个温暖的地方。然后，当你感觉得到支持，就将注意力再次扩展到呼吸，并逐渐回到对呼吸的专注。这样做是帮助自己有进一步的学习，而不是把自己折腾得筋疲力尽。

 引导音频：扫描本书勒口处的二维码，免费获取引导音频。你也可以大声朗读练习指南，录下来作为自己的冥想引导音频。如果录制自己的引导音频，记得放慢语速，在段落之间留出充足的停顿时间，方便日后听的时候能跟得上引导词。

 即时练习：停下在做的事情，无论你在哪里。无论你是站着、坐着还是躺着，花一些时间感受身体与大地的接触。呼吸并允许身体安住在大地的支持中。如果有需要，调整一下身体姿势，让自己舒适和清醒。

感受与大地的联结。现在，把觉知扩展到你的呼吸，把呼吸也纳入你的觉知。在接下来的一两分钟里，就像完整的练习指南中描述的那样，只是觉知呼吸的进出，当你的注意力迷失在思绪中，温柔地把它带回到呼吸的流动上。最后，花一点时间，感激自己做了这个练习，感谢大地一直在这里支持你。

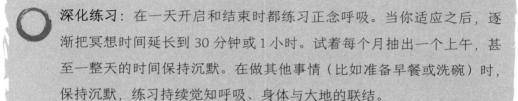

深化练习：在一天开启和结束时都练习正念呼吸。当你适应之后，逐渐把冥想时间延长到 30 分钟或 1 小时。试着每个月抽出一个上午，甚至一整天的时间保持沉默。在做其他事情（比如准备早餐或洗碗）时，保持沉默，练习持续觉知呼吸、身体与大地的联结。

正念呼吸

铭记在心

冥想的目的是鼓励你善待自己。不要仅仅为了避免思考而数呼吸的次数，而是要尽你所能照顾好呼吸。如果你对一次又一次的呼吸非常和善，你会在冥想中出现神清气爽且温暖的感觉。当你对身体和呼吸有了温暖的感觉，它们就可以进一步支持你的练习，并且你会对此感到十分满意。当你对自己很和善时，自然会出现这种感觉。

——曾基・布兰奇・哈特曼
（Zenkei Blanche Hartman）

身体正念

如果我们要完全了解自由，我们必须不仅在思想上自由，也要在我们存在的家园——身体上——自由。肉体是我们联结神圣与世俗、超然与平凡的媒介，是我们表达本真本性的媒介，它是不受羁绊的、开放的和热情的。

——妮娜·怀斯
（Nina Wise）

身体是一种智慧的乐器，经历了数百万年的适应发展而来。练习身体正念，能让我们接触到与生俱来的智慧，也会反过来帮助我们深化对生活的基本信任感、归属感和可以感，并清楚什么是需要真正关注的。这个练习虽然简单，但它带来的力量能深刻地影响我们与世界的关系。当我们扎根在身体里并觉察它，我们就不那么容易被自己左右摇摆的思想所撼动，也不容易因他人的话语而动摇。身体正念与正念呼吸一起支持我们与外在世界联结，同时不把发生的事情认为是针对自己的。**在今天的练习中，你可以随时闭上眼睛，这样更能与身体的感觉产生共鸣。**

在练习的地方坐下来。 不管是坐在椅子、地毯还是冥想坐垫上，花一点时间调整坐姿，保持舒适又清醒。

身心安定下来。 缓慢充分地做几次深呼吸。轻轻地伸直脊柱，放松肩膀，让身体有更多空间，来让呼吸和生机勃勃的生命进入身体。

现在，充分地做一次深呼吸，然后把注意力集中到你的脚趾上。 稍微活动一下脚趾头。深呼吸，把注意力扩散到整个双脚。留意双脚出现的感觉，不要抗拒任何感觉或回应它，只是留意。在你生命中带你走了这么多路的双脚，现在是什么感觉？无论有什么感觉，一边体会，一边呼吸。

深呼吸，慢慢地把注意力从脚转移到腿上，并把注意力停留在膝盖上。 留意膝盖出现的感觉。边呼吸边觉知支持你身体重量的膝盖有什么感觉？这里承载着什么样的情感？只是留意，呼吸。

呼吸，把你的觉知从膝盖转移向大腿，然后移至臀部。 觉知你的臀部。留意你的腿和躯干在这里会合的感觉。呼吸一会儿，与你的腿和臀部组成的整个支撑系统处在一起。现在，呼吸并觉知整个臀部。有什么身体感觉出现？有什么感受出现？只是留意，只是呼吸。

深呼吸到你的腹部，并将注意力放在腹腔。 这里有什么身体感觉？有什么感受出现？觉知你的腹部。无论有什么感觉，一边体会，一边呼吸。

深呼吸到你的肺部，把觉知带到你的胸腔。 让前后整个肺部吸满空气。留意几次呼吸，让脊柱充分拉伸。充分呼吸，从上到下、从下到上，觉知后背，然后将注意力集中在胸腔中央。有什么身体感觉出现？有什么感受出现？只是留意，只是呼吸。

深呼吸到你的肩膀。 轻轻地耸耸肩。放松你的手臂，轻轻旋转一两次肩膀。充分觉知它们。这里有什么身体感觉？你留意到这里有什么感受出现？只是留意，只是呼吸。

缓慢且充分地深呼吸，把觉知从两个手臂带到双肘。留意这里有什么感觉？再充分地做一次呼吸，把注意力从前臂移到手腕。只是留意这里的感觉，呼吸。觉知双手，动一动你的手指。把注意力集中在你的生命里一直帮助你的双手上。这里有什么感觉？你留意到这里有什么感受出现？觉知双手，呼吸。

深呼吸，把你的注意力移动到手臂，再上移到颈部。轻轻地左右倾斜头部，轻轻拉伸颈部。注意颈部的脊椎。留意你的喉咙。呼吸到整个颈部和喉咙。有什么身体感觉？什么感受在这里活跃起来？只是留意，只是呼吸。

深呼吸，把注意力集中到脸上。把嘴张大一会儿。把觉知和呼吸带到脸部各处——前额、眼睛、鼻子、脸颊、下巴——觉知出现的感觉。只是留意，不用评判。呼吸。

深呼吸，把觉知带到你的头顶。留意一下，注意力放在这里时是如何让脊椎伸展的。

现在，把觉知扩展到全身。做几次悠长的呼吸，觉知全身，然后充分放松。再继续进行几分钟的呼吸。继续闭着你的眼睛，直到你觉得已经准备好绘制今天的冥想图。

在47页的身体轮廓图上，绘制一张你今天的冥想图。把你留意到的身体感觉和感受涂上颜色，画出来，写下来。把它们放在与你体验到的感受相对应的身体部位。如果你不知道用哪些词汇描述你的感受，需要一些帮助，可以参见附录中的"感受"（349页）和"身体感觉"（351页）。你也可以不使用文字，只用颜色和绘画来说明你的体验。

小贴士：如果在练习过程中出现了超出预期的方面，例如以前没有体验过的情绪或记忆，或者你这段时间正在处理某些创伤，花点时间慢慢练习。你可以一次只扫描身体的一个或几个部位，暂停练习，去跳舞、户外散步或打电话给一位值得信任的支持者聊聊你的练习体验。记住，你总是有力量选择你愿意在每次冥想中探索的深入度。

引导音频：扫描本书勒口处的二维码，免费获取引导音频。你也可以大声朗读练习指南，录下来作为你的冥想引导音频。如果录制自己的引导音频，记得放慢语速，在段落之间留出充足的停顿时间，方便日后听的时候能跟得上引导词。

即时练习：停下手头正在做的事情，无论你在哪里。不管此刻是站着、坐着还是躺着，从容地做几次深呼吸——充分地吸气和呼气，把觉知带到身体上。在接下来的一两分钟里，只是留意当下身体的感觉。把双手放在感觉出现的部位，并把呼吸带到那里。把觉知扩展到全身，做几次深呼吸后结束这段练习。

深化练习：在每天开始和结束时都练习身体正念。在早上离开床铺之前，晚上睡觉之前，做一次从头到脚的全身扫描，呼吸并温柔地觉察你留意到的任何身体感觉。把这种觉察融入一天当中你做的其他事情上。比如：打字时，体会手上的感觉；或者在进行一次情绪激烈的对话时，呼吸并留意胸口的感觉。

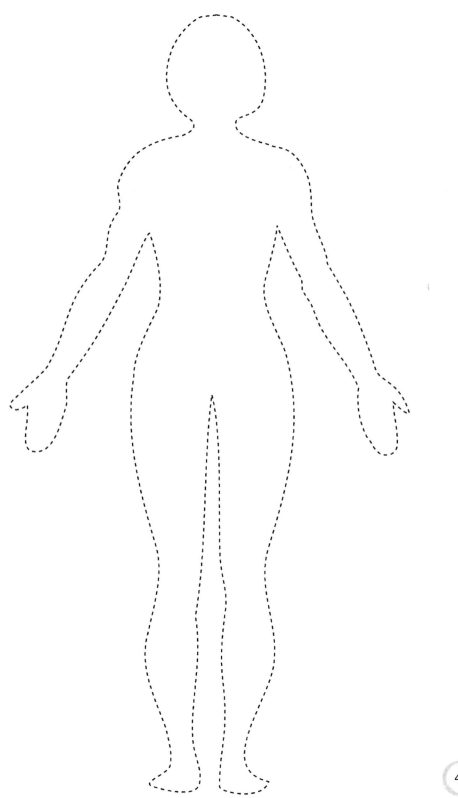

47

第 2 周

第 2 周 · 小组练习

同理倾听圈

同理倾听圈

当我们聆听当下的真相时，我们就会更清楚该做什么、不该做什么，何时行动、何时不行动。我们听见：我们共同存在于此，我们就是彼此的所有。用甘地的话来说，我们让自己声音的旋律为生命的乐章让路。

——米拉贝·布什

（Mirabai Bush）

小组带领人需要准备：

- 在小组练习前一两日，提醒大家聚会的日期、具体时间和地点。

- 阅读"带领小组练习：小组带领人指南"（14 页），并查看其中各项"带领人职责"。

- 为每八个人准备一套需要卡（查看附录 357 页的"需要卡"），例如：1~8 个人的小组准备一套卡片，9~16 个人的小组准备两套卡片，16 个人以上的小组准备三套卡片。

开场冥想

邀请每个人坐在围成一圈的椅子上。

邀请大家轮流说出自己的名字，以此来欢迎每个人。从你左边的人开始，依次进行，到你这里结束。在每个人说出名字后，所有人都安静地停顿一下，做一次深呼吸，和其他人一起处在当下。

敲一次铃铛，示意大家静坐冥想开始。

安静片刻后，向大家宣读下面的练习指南。用让大家感觉放松的方式朗读练习指南，在句子之间停顿，并安静地呼吸：

> 安坐下来。舒适自在地坐着。
>
> 双目低垂，或者闭上眼睛。感觉椅子、坐垫或地板对你无条件的支持。
>
> 用鼻子深深地吸一口气，让空气充满你的肺。
>
> 用鼻子深深地呼一口气，让腹部变得柔软。
>
> 保持静默。
>
> 随着每次呼吸，让腹部变得更加柔软一些。
>
> 柔软的腹部支持我们有更大的空间专注当下。
>
> 每次呼吸都让我们更慈悲地倾听——倾听自己和周围的世界。
>
> 用这种方式与自己和他人建立联结，会让我们产生同理心。同理心让我们能够带着爱，敞开心扉地接受自己和他人的一切体验，而无须害怕什么。

再静坐 3 分钟或更长时间，然后敲三次铃铛来结束冥想。

把手放在胸前，鞠躬一次表达感激。

介绍同理倾听

向大家宣读：

今日，我们来探讨"同理倾听"。同理倾听让我们对自己和他人抱有好奇心，用心倾听，并让我们的头脑平静下来。

我们认为同理倾听有五个关键要素，并按此顺序进行：

1. 好奇心。英语中，"好奇心"这个词来自拉丁语词根 cura，意思是"关心"。我们先从关心开始，不带任何目的地进行探索。我们在此刻找寻当下有什么。这种像孩童般的探究自然地激发了正念临在。

2. 正念临在。正念意味着觉知，临在意味着存在。正念临在并没有什么特别之处，它是新生婴儿的生命状态；每时每刻与正在发生的一切同在，没有分别心，不下定义，也不评判。

3. 联结的目的。联结的目的让我们的倾听变得积极。它让我们把目光放在了解自己和他人每时每刻鲜活的东西，并与之联结，而不是自动化反应、分析，或修正什么。我们选择把精力放在带着好奇心与对方正念临在，而不是其他形式的互动。

4. 关注共通的需要。每一刻鲜活的东西都在表达人类共通的需要，它是跳动在所有思想、感受、语言和行为中的生命脉搏。关注共通的需要，让我们可以倾听到对方用语言无法表达的、更深层的东西。我们在验证我们共同存在这一真相。

5. 确认。这是同理倾听中唯一说话或有所行动的部分。在此之前，我们只是尽最大的努力，猜测并理解别人可能有什么共通的需要。确认给我们机会向正在倾听的对象核对我们的理解。这一步用语言表达同理倾听的其他所有要素，让对方知道我们临在，认可他们的体验，并让对方愿意进一步探索。

在同理倾听的前四个部分——好奇心、正念临在、联结的目的和关注共通的需要，倾听者是完全静默的。只有在第五个组成部分——确认，才会发言或对话。同理倾听由四部分的听和唯一一个说话的部分组成。

下一个练习将给我们机会，将这些概念付诸实践。

同理倾听圈

对于 8 人以上的安居小组，把大家（包括你自己）平均分成每组不超过 8 人的小组。例如，11 个人的小组可以分成一个 5 人小组和一个 6 人小组。这样，每个人都有足够的时间分享。

请每一组围成一个圆圈坐好，将一套需要卡正面朝上摊开，放在圆圈内的地上，或者在圆圈中央放一张桌子摆放需要卡。各组之间最好保留一定的距离，这样每组的成员都可以清楚地听到自己组员的发言，而不会因为另一个组的分享而分散注意力。

向大家宣读以下练习指南：

在每组里，每个人用几分钟时间分享他们生活中正在发生的一件事情，可能是痛苦的，也可能是快乐的。对于要分享的事，我们唯一的请求是分享今天对你来说鲜活而有意义的事情，一些让你觉得分享出来很脆弱、但又不会异常沉重的事情。换句话说，选择分享对你来说感觉比较重要的、而不是不疼不痒或异常沉重的事情。

为了确保每个人都有时间分享，每人只分享 3~4 分钟。当分享者发言的时候，小组里的其他人都带着好奇心、正念临在以及联结的目的，保持安静并倾听分享者的发言。

在分享者说完之后，倾听者看着小组中间的需要卡，关注共通的需要，默默地猜测对分享者来说重要的需要。

然后，每位倾听者拿起一张或两张需要卡，安静地放在分享者面前，请他确认。

接着，分享者看着摆在面前的需要卡，花1分钟时间一边呼吸一边体会内心被触发的感受，安静地体会这些词汇。当分享者觉得已经充分地体会到了这些词汇，准备好继续进行活动，就把卡片放回圆圈的中央。

然后，圆圈里的另一个人继续分享。持续进行，直到每个人都有机会分享。

在同理圈进行过程中，唯一说话的人是分享者。倾听者尊重分享的空间，避免评论或提问。练习结束后，我们会在整个小组里分享作为倾听者和分享者的体验。

练习开始前的最后一个建议是：如果在任何时候，倾听者或分享者发现自己陷入想法里，只是呼吸，回到当下正在分享的内容。作为分享者，这意味着专注于有什么想通过你表达出来，而不用担心它是否有意义，或者别人会怎么想。作为倾听者，这也意味着当你看着需要卡时，只需在好奇心、正念临在和联结的目的的基础上，做出最佳猜测，而不必担心用词是否准确，或猜得对不对。

查看是否有人对练习不清楚，需要再听一遍指南。一旦每个人都明白了，邀请大家一起呼吸，和同理圈里的其他人一起处在当下。

邀请大家开始练习。大家可以在小组里自行选择第一位分享者。

为小组分享计时。留出至少10分钟的"收获"和"结束"时间，在同理圈时间进行到一半的时候，告知每个人。让每个小组衡量剩下的时间，这样每个人都有机会分享。

在"收获"开始前5分钟再提醒大家一次。如果有人无法在剩余的时间完成练习，建议希望获得更多支持的人，在小组练习后邀请安居伙伴与他们见面。

邀请大家回到大圆圈里（如果大家在各自的小组里练习），收起需要卡，结束练习。

收获

向大家宣读：

> 在收获环节，邀请大家分享今天练习的体验。今天的练习哪些方面对你有触动？给你带来什么挑战？收到需要卡时感受如何？你对自己有什么发现，对同理倾听有什么理解？你对自己的正念临在有什么发现？

邀请任何想要分享的人（包括你自己）进行分享。

当收获环节结束时，向小组宣读以下内容：

> 同理圈是一种社群方式，让我们在安居旅程中彼此支持，共同成长。当我们真诚地分享时，我们就是在信任这个圈子，这种信任也在邀请其他人敞开心扉分享。这是给所有人的一份礼物。我们在一起改写许多人一直被灌输的观念：比如，没有人想听我们的挣扎或成功，分享这些对别人来说微不足道，会给人增加负担，而不是送出礼物。同理倾听为每个人，无论是倾听者还是分享者，都提供了一种滋养生命的联结感。
>
> 每周我们聚在一起，如果有人想要分享内心或脑海中想到的东西，我们总是可以选择在开场冥想结束后，进行一次同理圈。我们不会询问大家是否同意这样做，只会为那些觉得需要分享的人腾出时间——一个人、两个人或三个人。如果有人请求进行同理圈，在开场冥想结束后我们会进行。另外，我们仍然会留出至少1小时的时间来进行其他练习。
>
> 这是安居支持我们的社群并帮助我们成长的众多礼物之一。

最后，感激每个人的分享和倾听。

结束

请一名志愿者在下周带领小组。给他一套需要卡。

提醒志愿者在下次聚会前阅读"带领小组练习：小组带领人指南"（14 页）和第 3 周的"小组练习"（76 页）。

邀请大家一起做一次深呼吸。

请每个人先说出自己的名字，然后用一个词描述自己在第 2 周小组练习中的收获。从你左边的人开始，顺时针进行分享，直到包括你在内的所有人都完成分享。

第 2 周 · 伙伴练习

同理倾听

同理倾听

同理倾听时，我们不带领，而是跟随。不要马上做什么，处在那里就好。

——马歇尔·卢森堡

（Marshall Rosenberg）

开场冥想

从你们中选一人为 5 分钟的冥想计时。

一起安静地坐着，与呼吸、身体和大地同在。

计时的人于 5 分钟结束时，示意对方时间到了。

最后，鞠躬感激伙伴和你一同静坐。

进行分享和同理倾听

两人轮流，缓速向对方大声朗读下面的练习引导：

今天，我们将轮流分享我们生活中发生的事情。当一个人在分享的时候，另一个人会带着好奇心、正念临在、联结的目的和关注共通的需要，安静地倾听。不时地，倾听者也会参考附录中的需要轮，对所表达的感受和需要做出简短的同理猜测。

例如，倾听者可能会问："你感到悲伤，因为你需要联结？"或者只是猜测一个需要的词汇，比如："信任？"除了这些简短的同理猜测，其余时间都是分享者在说话。作为倾听者，我们跟随分享者的指引，而不是试图分析分享者的故事或努力进行正确的猜测。猜测只是反映我们和分享者同处当下。继续进行，直到分享者自然地觉得分享完成了。然后，我们将交换角色。

在分享的时候，我们每个人都会选择分享鲜活的、当下对我们有意义的内容，允许自己脆弱，但不是感到重如泰山。我们每个人自行决定今天想分享的事情。

当我们倾听时，如果我们的大脑跳到建议、评判、安慰、同情或可怜对方，只是觉知呼吸，然后带着好奇心、正念临在、联结的目的并关注共通的需要，安静地倾听。

在分享过程中，如果有人在想起往事或情绪出现时，觉得难以承受，我们可以请求放慢节奏，并决定是否继续。如果决定停下来，我们可以讨论一下，此时什么形式的支持会有帮助。例如，我们可以一起做一个简短的冥想，然后再继续练习。或者我们可以制订一个计划，让难以承受的人得到外界的支持，之后再见面跟进，完成练习。

无论分享什么，让我们在这一练习中以智慧、关心和慈悲照顾自己和对方。

决定谁先分享，谁先倾听。准备好附件中的"需要轮"（347页）。

1. 分享者分享心里和脑海中想到的生活中发生的事情。

2. 倾听者保持安静，带着好奇心、正念临在、联结的目的并关注共通的需要，倾听对方。

3. 当分享者停顿下来呼吸，倾听者看着需要轮，用简单的同理猜测，来确认对方表达的感受和需要。例如："你感到悲伤是因为你需要接纳吗？"或者"我听到的是对信任的需要吗？"或者"你需要被看到吗？"或者"我联结到了尊重和关心的需要；你有共鸣吗？"或者只是给出需要的词汇，例如："爱？"或者"慈悲？"通常，一次只说一句话或一个需要。让对方体会你的猜测，然后做一次深呼吸。

4. 一起呼吸。

5. 分享者继续分享与前述内容相关的、当下心里依然鲜活的东西。

6. 再次停顿的时候，倾听者进行简单的同理猜测，并与分享者确认他表达的感受和需要。

7. 继续猜测，直到分享者觉得可以结束为止。通常，分享者会出现放松的感觉，让你知道他结束了。

8. 然后互换角色。

结束和收获

在双方都分享和倾听后，分享在这个练习中对自己有何发现，以及对伙伴采用这种方式倾听的感激。

第 2 周 · 个人练习

需要的正念、与需要相遇、活出需要

需要的正念

如果我们观照欲望，并倾听它们，我们其实就不再执着于它们了，我们只是允许它们如其所是地存在。然后我们就会意识到，痛苦的根源——欲望，是可以放下并释怀的。

——匿名

今日……

坐在你练习的地方。按照第1周第3日的"正念呼吸"指南进行练习，但这次计时7分钟而不是12分钟。我们建议今天缩短冥想时间，是为了有更多的时间完成剩下的练习，但你可以自行选择进行更长时间的冥想练习。

然后，看看附录347页的"需要轮"。转动需要轮，看看此刻你最需要什么。不用过多思量，只是选择页面上吸引你眼球的词。

再花1分钟体会你对自己说出那个需要的词汇时的感受。你身体的什么部位对它有感觉？触摸那个地方。呼吸，体会身体的感觉。那里感觉如何？如果你无法辨识身体的感觉，请参照附录351页的"身体感觉"。

把那个需要写出来或者画出来，放在全天都能提醒你的一个地方。例如，你可以在桌子上放一张卡，或者在你的手机或平板电脑上设置一张图片作为屏幕背景。

在提醒卡上，写下这些问题：

- 当这个需要得到满足时，我有什么感受？
- 当这个需要未得到满足时，我有什么感受？
- 什么行为或语言能够满足这个需要？

在这一日中，利用这个提醒继续倾听身体是如何向你传达这个需要的，并在不同的情况下体会这个需要的感觉。留意什么能满足这个需要，什么不能满足。

在你的日记里写下你的发现。

 即时练习：现在，查看附录 347 页的"需要轮"，看看此刻哪个需要对你最重要。不用过多思量，只是选择从页面上吸引你眼球的词。把那个需要的词汇读给自己听。留意你身体的哪些部位对它有感觉，是什么感觉。花一点时间只是呼吸，体会与那个需要有关的感受和身体感觉。在这一天剩余的时间里，继续关注什么行为或语言促成了你对这个需要的满足感。

 深化练习：每周选择一个不同的需要继续练习。定期在日志中记录这些需要，记录当这些需要得到满足和未得到满足时，与这些需要相关的感受和身体感觉。记录有助于满足这种需要的具体行为或语言。

需要的正念

铭记在心

　　人们往往用外在因素，如社会地位、影响力和声望、财富和受教育水平等来判断自己的进步。当然，衡量一个人在物质世界的成功时，这些很重要。很多人主要为这些目标而努力也完全可以理解。然而，评价人的进步时，内在因素可能更为关键。诚实、真诚、朴实、谦逊、不求回报的慷慨、不虚荣、乐于为他人服务——这些品质是每个灵魂都能轻易达到的，这些品质是精神生活的基础。

——纳尔逊·曼德拉

（Nelson Mandela）

与需要相遇

当身体、心灵或头脑的某种体验，不断出现在意识之中，它是
一个信号，表明这位"访客"正在请求得到更深入和充分的关注。
冥想的普遍规则是对任何出现的事物保持开放的态度，当我们遇到
一位频频到来的"访客"时，我们必须认识到，这是它请求我们给
予更多关注、更清楚地理解它的方式。

——杰克·康菲尔德

（Jack Kornfield）

有时，当我们碰触到某个需要时，会激起痛苦或不舒服的感觉，这个需
要通常被称为"未被满足"的需要。当我们碰触到这个需要时，我们感到不
耐烦、沮丧或受伤，而不是安定或平和。我们可能发现，自己在永不停歇地
追求满足它，或者有一种无法满足它的绝望感。这些感受让我们知道，我们
内心深处有个鲜活的东西，想要通过我们更深入的处在当下和好奇心来得到
"满足"。这是对"满足"需要的不同理解。我们的感受邀请我们去满足需要，
就像遇到让我们真正好奇、想要了解的一个人。当痛苦出现时，首先要做的
就是意识到和那个需要有关的想法和信念。

坐在你练习的地方，练习几分钟正念呼吸。

现在，从"需要轮"（347 页）中选择一个让你感到不舒服、沮丧或痛苦的需要。如果你是第一次这么做，不要选择让你感到异常沉重的需要。相反，选择一个给你带来轻度到中度不适的需要。这里的目的是练习，而不是让你崩溃。

在你的日志里，花 5~10 分钟的时间写下任何与这个需要相关的想法和信念。这些可能是关于自己、他人或这个需要的一些想法或信念。例如，以下是一些典型的想法：

- 含有动词"**是**"的想法。就像"我的妻子是不敏锐的"或者"我是懒惰的"。
- 包含有"**总是**"和"**永远不**"这样的想法。就像"我永远不会自由"。
- 包含有对**未来**的预测的想法。就像"他不会理解"。
- "**应该**"和"**不得不**"的想法。就像"我应该更平静"或"我不得不改变"。
- 信念和含糊空洞的语句。就像"我不重要"和"他们不关心我"。
- 对 / 错、好 / 坏的评价。就像"我失败了"和"我是对的"。
- 对事情的解读。就像"被拒绝""被操纵""被抛弃""被攻击"。

当你觉得与这个需要相关的想法和信念清单已经比较完整时（通常，这些想法和信念会以不同的形式重复出现），深吸一口气，觉知身体。

看看你的想法和信念清单，大声念出第一个。在你大声念出那句话时，留意你的身体有什么感受。如果很难确定你的感受，看看附录中的"感受"

（349页）和"身体感觉"（351页），看看哪些词吸引你的眼球。

呼吸，体会你的身体感觉。 把感受和身体感觉当作是婴儿的哭声，用母爱和慈悲拥抱它们，而不逃避或被情绪淹没，也不试图匆忙地完成练习。

继续用同样的方法练习清单上的每一个想法，一次练习一个。额外关照特别的感受或身体感觉，花点时间陪伴它，可以把手放在你身体的那个部位，同时慈悲地呼吸到那里。

在完成清单时，做几次深长的呼吸，暂时搁置这些想法，通过呼吸让身体放松。感受大地的支持。

用你自己的方式在日志本上或一张纸上，写下或画出练习的需要。要有创意——例如，在描述中，你可能想要包含一些与那个需要相关的、激烈的想法。

最后，呼吸，尊重和感激今日重新与这个需要相遇。

与需要相遇

铭记在心

归根结底，我们可以把冥想视为一种修习，抵抗社会诸多的"不鼓励"。社会不鼓励我们屏蔽外界进入自己内心的噪声，不鼓励我们获得清晰的思维和柔和的心灵，而这些是我们有效解决不公正问题、为和平创造条件所迫切需要的。

——爱丽丝·J. 莱恩

（Alycee J.Lane）

活出需要

倾听和说出真相所带来的亲密感，只有在我们愿意敞开心扉、接受内心的脆弱时才有可能发生。深吸一口气，感受当下的生命，这是第一步。

——塔拉·布拉奇

（Tara Brach）

我们大多数人已经惯于用非常二元的方式看待需要——我们满足或没有满足它们。它们要么得到了满足，要么未得到满足。它们成为我们的身外之物，我们可以拥有它们，也可以失去它们，它们也成为我们必须以某种方式满足的外在神明。这种思考方式让我们丧失了部分自我，也让我们失去了与自己的生命联结的机会。

需要就像音阶上的音符，当我们和一个需要联结时，就好像在弹奏那个音符。倾听每个音符的声音，倾听它如何与我们的整体生命产生共鸣，如此一来，我们与生命的这些方面就会变得更加亲密，整个音阶上的需要组成了生命本身。我们正在深化与生命的每个触点的亲密关系。今日，我们将探索什么是活出需要，而不是拥有或满足它们。活出需要就是触碰生命的每个品质。事实上，活出需要也就是活出真正的自己。

坐在练习的地方，花几分钟安住在当下，正念觉知身体和呼吸。不要强迫你的身心，让它们安住在大地的支持和平稳的呼吸里。

从"需要轮"中选择一个此刻让你感觉心灵有所触动的需要。无须过多思量，只是选择让你眼前一亮的词。

现在，对自己说几遍这个需要。每次说出这个词，呼吸并体会它，继续留意身体和呼吸。无须着急。

留意什么部位感受到那个需要的能量，即使是细微的感觉。它在身体的什么部位表现出来？例如，在胸部、腹部、手臂还是全身？

再对自己说出那个需要，留意身体的反应。是什么样的感觉？例如，是刺痛的、流动的、平静的或是舒畅的？

呼吸，让那些感受和身体感觉扩展到你全身。当那个需要被真正彻底地满足时，它是什么感觉？不要只是理智地用语言表达感受，让自己感性地体验。如果有帮助，再对自己说几次这个需要，深呼吸，给它存在的空间，让它通过身体表达。

结束

- 到此刻为止，如果你一直跟随上面的引导，那么，在你的身体里体会那种需要鲜活地、随着呼吸进出的能量，再花几分钟时间品味它，和它同在。呼吸并安住在那种能量中。

- 如果你没有在身体里感受到需要的能量，尝试下列方式之一：
  - 想到生命中的某个时刻，那个需要充分地得到了满足。当时，你在哪里？还有谁在那里？花点时间回忆一下。是什么让那个需要得到了满足？也许是某人的语言或行为，或者是你的语言或行为。一旦你回忆起那段记忆，留意你的身体感觉。当那个需要得到满足时，身体是什么感觉？你身体的什么部位感觉到了它？当你的注意力转移到当下的身体感觉和感受时，你就可以停止回忆，只是安住在那个需要鲜活地、随着呼吸进出的能量中。

- 想象一下，在你的生活中，如果那个需要充分地得到了满足，会怎么样？即使这看起来是不可能实现的愿望。现在，想象一下这真的发生了。观想它，花点时间在观想到的情景中看到自己。体会它，体验它真的在发生。一旦与这种体验产生了联结，注意你的身体感觉。当那个需要得到满足时，身体是什么感觉？你身体的什么部位感觉到了它？当你的注意力进一步回到当下的身体感觉和感受时，你就可以停止回忆，只是安住在那个需要鲜活地、随着呼吸进出的能量中。

小贴士：这个练习可能也会触碰到与你练习的需要相关的悲痛或悲伤。当这种情况发生时，允许自己向那种体验敞开心扉，在身体里体会它。让大地以支持你身体的感觉来帮助你，当你感到悲痛时，允许它表达出来。表达悲痛时，体会哀悼过程中浮现出来的甜蜜的渴望。当那种渴望越来越清晰时，呼吸并安住在那种能量中。

引导音频：扫描本书勒口处的二维码，免费获取引导音频。你也可以大声朗读练习指南，录下来作为自己的冥想引导音频。如果录制自己的引导音频，记得放慢语速，在段落之间留出充足的停顿时间，方便日后听的时候能跟得上引导词。

即时练习：现在，从"需要轮"中选择一个当下你愿意探索的需要。无须过多思量，只是选择吸引你眼球的词。现在，花一点时间想象那个需要真的被满足。留意身体的什么部位感觉到它被满足，那里是什么感觉。呼吸，与出现的感受和身体感觉同在。品味它，然后把这种能量带进一天的生活里。

 深化练习：把这作为你的日常冥想练习。每日选择一个不同的或相同的需要，并以鲜活的方式与之联结。尝试选择感觉不那么容易联结到的需要。在日常生活中，开始把注意力从需要"满足"或"未满足"，转移到留意任何特定时刻，某个需要如何在你体内存在、随着呼吸进出——它在身体的什么部位，在体内是什么感觉。

第 3 周

小组练习：自我同理
伙伴练习：与比较心结盟
个人练习："计划活出的需要" 清单、自我同理日志、自我同理冥想

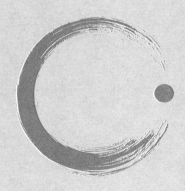

第 3 周 · 小组练习

自我同理

自我同理

不用出门赏花。

我的朋友，

无须费心远足。

你的身体里就有鲜花。

每朵花都有千重花瓣。

在那里坐着就足够了。

坐在那里，你会瞥见美丽，

在虚空之中，在虚空之外，

在花园前面，在花园后面。

——卡比尔

（Kabir）

［译自罗伯特·布莱（Robert Bly）的英文译文］

所有参与者需要准备：

❧ 带上本书《安居 12 周正念练习》和日志本。

小组带领者需要准备：

❧ 在小组练习前一两日，提醒大家聚会的日期、具体时间和地点。

- 阅读"带领小组练习：小组带领人指南"（14 页），并查看其中各项"带领人职责"。
- 在圆圈中央摆放需要卡，摆成放射状的曼陀罗形状或螺旋形。

开场冥想

邀请每个人坐在围成一圈的椅子上。

邀请大家轮流说出自己的名字，以此欢迎大家。 从你左边的人开始，沿着圈子进行，直到你结束。一个人说出名字后，大家一起安静地做一次深呼吸，处在当下，然后下一个人继续。

敲一次铃铛，示意静坐冥想开始。

安静片刻后，向大家宣读以下练习指南。 用让大家感觉放松的方式朗读练习指南，在句子之间留出足够的停顿，并安静地呼吸：

> 以放松并让头脑清醒的身体姿势安坐，双目柔和地低垂或者闭上眼睛。
>
> 感受椅子、坐垫，甚至你身体下方的地面给你的支持。感受心脏的跳动。
>
> 深深地吸一口气，让生命充满你的身体。
>
> 彻底地呼气，放下任何不必要的紧张或束缚。
>
> 打开感官，接收所有的声音，无论是嘈杂的还是柔和的。体会身体的感觉，无论是强烈的还是温和的。体会情绪，无论是不舒服的还是舒服的。
>
> 允许自己对一切保持温柔的好奇心。好奇内在出现的一切，不需要改变任何东西。
>
> 让呼吸成为你的支持。吸气和呼气如同轻柔的波浪，托举着你的小船，让你平稳地航行在情绪起伏的海洋中。

安静地坐几分钟，然后继续宣读：

> 对自己的想法保持好奇。有时，想法就像呼吸一样来去匆匆；有时，想法会吸引我们的注意力，让我们失去对身体、呼吸、所处之地的感知。
>
> 如果这发生了，让觉知轻柔地回到身体、呼吸和大地。和想法一起去兜兜风并没有什么错。只是轻柔地回到当下的一切——身体感觉、声音、感受、呼吸。

安静地坐几分钟，然后缓速宣读：

> 一位知名学者说："当我们开始如此清晰而真诚地观照自己——观照我们的情绪、念头以及真实的自我——我们便开始融化那些将我们与他人隔离的墙。实际上，这些隔阂、这种与万物和众生分离的感受，都是由种种执见构成的。它们源自教条，源自偏见，而这些墙正是因我们惧怕认识自己而筑起的。"

继续安静地坐几分钟，然后敲三次铃铛，结束冥想。
向大家鞠躬表示感激。

介绍自我同理

邀请每个人拿出他们的《安居12周正念练习》，打开附录355页的"沟通流程图"。
向大家宣读：

注意，在沟通流程图的顶端是自我同理。想要智慧而慈悲地进行沟通，我们首先要关注当下自己内心发生的事情。

邀请每个人查看附录 353 页的"自我同理"。
继续宣读以下内容：

我们把自我同理也称作"我们把什么带进了房间"。通过自我同理，我们能够为自己与周围的世界（也包括刺激到我们的东西）联结的方式负责——无论是过去的事情还是此刻正在发生的事情。

结合过去两周的练习，我们有了清晰的路线图来探索内心地带，这个地带可能包含了评判的想法以及愤怒、恐惧、内疚、羞愧、抑郁和焦虑等感受。这个路线图就是我们所说的自我同理。

我们不再消除评判或困扰我们的情绪，而是用自我同理取代它。自我同理让我们不逃避体验，而是以清晰、慈悲和稳定的态度去面对它。我们可以通过之前的练习来实现这种转变，比如身体正念和呼吸正念，对想法的觉察，以及与内在需要的能量联结。练习可以改变我们与自我的关系。我们创造了在卡住的时刻寻求转变的可能性；在看似无望时，允许创造性的解决方案出现。无论是与他人的冲突，还是内心的挣扎，我们都和与生命断开联结的体验联结。用一句广为流传的话来说，我们正在"成为我们想要看到的改变"。

花几分钟时间，让大家分享做完冥想和听完自我同理介绍的收获。邀请大家分享冥想和自我同理介绍对他们有鼓舞或触动的内容。

练习自我同理

邀请大家拿出日志本、一张纸和一支笔。

向大家宣读以下练习指南，用让大家感觉放松的方式朗读练习指南，在句子之间留出停顿，并安静地呼吸：

1. 在你的日志里写下最近你和他人之间发生的一件让你不如意的事。你说了什么，做了什么？对方说了什么，做了什么？此刻，只是专注在实际发生的事情上。

2. 现在，写下你对这件事的任何"想法"。在这件事情里，你对自己有哪些评判、信念、解读或"应该如何"的想法？在这件事情里，你对对方有哪些评判、信念、解读或"应该如何"的想法？自然地写出任何想法，不要试图去改变它们。

3. 在这一步，请使用附录中的"自我同理"作为参考。我们会把自己之前练习里写下的每一个想法，作为练习自我同理的前三个步骤。选择一个你的想法：

a. 把一只手放在额头上。清晰地为出现的想法命名，默默地或大声地说："当我告诉自己_____。"（在横线上填上这个想法）例如，"当我告诉自己我被评判了。"

b. 做一次深呼吸，把手放在胸口。体会身体里的感受或身体感觉，并为它们命名。默默地或大声地说："我感到_____。"（在横线上填上感受）例如，"我感到紧张和悲伤。"

c. 深呼吸一次，把手放在腹部。体会那里出现的任何需要，并为它们命名。默默地或大声地说："因为我需要_____。"（在横线上填上需要）例如，"因为我需要接纳和归属感。"

把你发现的需要写在另一张纸上。

4. 用你之前写下的其他想法，重复自我同理的这三个步骤。再次把手放在额头上说，"当我告诉自己＿＿＿＿＿。"接着写出下一个想法。继续体会当下的感受并为它命名，然后体会需要并为它命名。记得呼吸，在这个过程中让你的手协助你，指引你把注意力放在不同的地方。

当大家看起来都用自己写下的想法完成了自我同理练习时，让小组里阅读练习引导的人完成正在练习的任何一个想法。

当每个人都完成了，邀请大家，包括你自己，组成两人一组。

向大家宣读以下练习指南：

把你写了需要的那张纸交给练习伙伴。等一下你们将轮流向对方读出他们的需要。每次大声读出一个他们的需要，然后停顿一下，让他们有时间做一次深呼吸，真正接收和体会那个需要，之后再读出下一个。

练习伙伴们，当你听到对方读出你的需要时，只是接收和呼吸。每次听到一个需要，把你的双手放在腹部，体会身体的反应。呼吸，允许这些感受和身体感觉扩展到全身。无须费力，注意你的手是想留在腹部还是想松开放在膝盖上。

邀请大家开始练习。

一旦每个人都接收到了他们的需要，邀请所有人一起呼吸三次。

向大家宣读以下内容：

手放在腹部或放在大腿上的意义在于，有时这可以作为我们内心发生变化的指示。当双手停留在腹部时，我们可能想要哀悼或庆祝。

它可能让我们进一步了解与那个需要相关的其他东西，我们将在之后的核心信念和宽恕练习中探索这一点。

而当双手松开放在我们的膝盖上时，我们可能已经准备好采取行动了。双手松开放在膝盖上代表了给予和接收，我们可以知道与需要联结后产生的任何行动请求。

现在，花一些时间写下你的手所放的位置向你暗示了什么。写下你在这件事情上的洞察，以及这件事情让你产生的对自己或他人明确、可行的行动请求。

收获

邀请觉得受到触动的人和大家分享他们在这个练习中的洞察、收获或发现。

最后，感激大家的分享和练习。

结束

请一名志愿者下周带领小组。给他一套需要卡。

提醒志愿者在下次聚会前阅读"带领小组练习：小组带领人指南"（14 页）和"第 4 周·小组练习"（108 页）。

邀请大家一起做一次深呼吸。

请每个人从圆圈中央选择一张需要卡，描述他们在第 3 周小组练习中的收获。

邀请每个人和大家分享他们的需要。从你左边的人开始，卡片正面朝外，让每个人都能看到。顺时针进行分享，直到包括你在内的每个人都完成分享。

第 3 周 · 伙伴练习

与比较心结盟

与比较心结盟

一个总是在比较、总是在衡量的心灵，也总是会产生幻觉。如果我将自己与更聪明、更智慧的你作比较，我就会努力变得像你一样，但却否定了我本来的样子。我只是在创造一种幻觉。

——吉杜·克里希那穆提

（Jiddu Krishnamurti）

随着我们深入练习同理倾听，我们会更加敏锐地觉察到我们的想法、评判（积极的和消极的），以及对自己的经历、对自己、对周围人所贴的标签。有时，我们会和自己的思想发生冲突，因为它试图让我们相信自己的比较是真实的。我们称之为"比较心"。

任何事情都可以唤起比较心：社交媒体上的帖子、同事的评论、面前的老师，甚至是邻居家在重新装修。比较心一旦被唤起，就会让我们夜不能寐。我们看到别人在社交媒体上发布的照片，会将其与我们内心的自我形象进行比较。我们听到一个同事在说另一个同事的闲话，于是将其不好的方面与我们认为自己天使般的方面进行比较。我们看到自己的老师与他人分享智慧，我们把他的分享与我们对自我的怀疑相比较。我们看到一个邻居重新装修房子，我们希望自己也可以这么做。比较心让我们产生矛盾，让我们觉得别人不好，或认为自己很好。

比较心让我们本末倒置。我们不断地把自己和别人比较，把别人和自己比较。比较心把评判、恐惧和断联稠密地混杂起来，让我们的心灵时刻处于防御状态，让我们倾听的能力、与自己或他人联结的能力枯竭。正如斯蒂芬·莱文（Stephen Levine）和昂德里亚·莱文（Ordrea Levine）所言，"比较心永远无法让我们真正地活出生命。比较心是个爱抱怨的头脑，总在说：这个太大了！那个太小了！"事实上，比较心会让我们与周围的人产生分歧，最终也会导致我们内心的分裂。

非暴力的原则之一是结盟，即使是与那些我们称之为敌人的人和事物。践行非暴力让我们明白，认为自己可以消灭世界上的敌人是一种幻觉——即使我们的敌人是自己不想要的想法或感受。所以，把它们变成盟友，是更好地做出努力和使用能量的方式。

当我们与比较心结盟，就能接受这一点，那就是没什么人或事物是必须摆脱的。我们成为自己的盟友，即使最挑剔的想法也能成为联结的路标。随着对比较心的理解和接纳日益加深，我们会重新把自己和他人单纯地视为人类。我们重新看到，我们只是在同行，互送对方回家。

聚会前的准备：

- 花几分钟时间，自由地写下你在与某个团体（例如网友、同事、邻居等）的互动中是如何看待自己的。我们建议你选择安居小组之外的团体。举例来说，把"家庭"视作团体："我把自己看作愿意疗愈、沟通和原谅的人。我记得每个人的生日。我是主动打电话的那个人。如果我不打电话给我的家人，那双方就没什么联系了。我付出了一切，却一无所获。我与家里的每个人都有天壤之别。"

- **在你给自己的定义下面，写下三个明确的观察阐述这个定义。观察就像摄像机记录发生的事情，而不是你的评价。**例如："我参加非暴力沟通培训。我今年在每个家庭成员生日的时候，都打了电话。我吃有机素食。"

- 给团体命名并下定义描述。你喜欢怎么写就怎么写。例如："我的原生家庭：我将这个团体定义为充满敌意且不愿疗愈的。他们不会给我打电话或跟我联系。他们和我没有共同语言。他们只对自己感兴趣。除非得到回报，否则他们不会给予。"

- 在你对团队的定义下面，写下三个明确的观察阐述这个定义。例如："我家里没有人参加非暴力沟通培训或疗愈活动。我家里没人来参加我的婚礼。我们家所有的成员都吃肉。"

- 把写下来的内容带给伙伴练习。

开场冥想

在你们之中选择一人，为 3 分钟的冥想计时。

一起安静地坐着，欢迎你们此刻和对方同处当下。

计时的人在 3 分钟后示意对方时间到了。

最后，鞠躬感谢你的伙伴和你一起坐着。

和比较心结盟

选择谁是甲，谁是乙。甲将遵循下面标有"甲"的指南，乙将遵循下面标有"乙"的指南。

甲：分享你在我们聚会之前写了些什么。

乙：安静地调整状态，保持好奇心、正念临在、联结的目的，并关注共通的需要。

甲：再读一遍写下的内容，只阅读你如何看待团体和相关的观察。

乙：使用附件中的需要轮，体会甲在分享的内容里想要表达的需要，并告诉甲你的猜测。让 5~8 个需要的词汇如春雨般洒向甲。

甲：体会每个需要的词汇。如果腹部是柔软的，就让需要安住在你的身体里；如果有疑问或想法出现，让这个需要的词汇离开。向乙反馈符合你的那些需要。

乙：简单地记录甲确认的需要。

甲：现在阅读你写下的在和某个团体互动时，你对自己的看法以及相关的观察。

乙：安静地倾听。体会甲在分享的内容里想要表达的需要，在甲读完后，告诉他 5~8 个你猜测的需要。

甲：体会每个词汇。如果腹部变得柔软，就让需要安住在你的身体里；如果有疑问或想法来了，让这个需要的词汇离开。向乙反馈符合你的那些需要。

乙：简单地记录一下甲确认的需要。

甲：现在静下心来听下面的冥想引导词，看看会发生什么。

乙：把下面的冥想引导词读给甲听。过程中暂停几次，让甲可以完全沉浸在引导中。体会阅读的节奏。呼吸。

> 邀请你做几次深呼吸。
> 留意你脑海里出现的各种声音，让它们浮现出来。
> 随着平稳的呼吸放松你的腹部。

乙：读 1~2 个你记录的甲的需要。

> 留意听到这些需要时，你的内心产生了什么声音。

乙：再读 1~2 个你记录的其他需要的词汇。

> 留意当你和这些需要联结时，内心逐渐升起什么想法。
>
> 探索身体的感觉。感到紧张吗？或是抵触？

乙：再读 1~2 个你记录的其他需要的词汇。

> 把注意力放到身体出现的任何感觉上。留意身体出现的、与这些需要有关的感觉模式。
>
> 大脑给这些需要贴上了什么标签？是否称它们为"自私"？
>
> 是否称之为"不可能"？称它们为"喜悦"吗？

乙：再读几个你记录的其他需要的词汇。

> 只需留意脑海中出现的声音。只需倾听。
>
> 它是愤怒的声音吗？还是害怕的声音？困惑的声音？
>
> 听听它的语气。它接纳你真实的模样吗？

乙：再读一遍需要的词汇。每读一个就做 1~2 次呼吸。

> 只是观察脑海里那些回应这些需要的声音。
>
> 看看每个想法如何自然地结束。看看下一个想法如何自然地产生。
>
> 留意接踵而来的想法。
>
> 允许这些想法不断产生。
>
> 观察产生的每个想法和每种情绪。
>
> 它们纷至沓来，又转瞬即逝。

给这些不断变化的身体感觉和想法多一点空间，多一点在放松的身体和开放的心灵中展开的空间。

乙：**再读一遍需要的词汇。每读一个就做 1~2 次呼吸。**

此刻只需接收这些需要，不执着，不谴责。
不改变什么。不用成为谁。无须做什么。

乙：**再读一遍需要的词汇。每读一个就做 1~2 次呼吸。**

让身体感觉在柔软的腹部升起和消散。
允许，接收，观察，放松地存在。
不断展现的生命本身如此珍贵，如此充分地存在。
所有需要都重要。
所有需要完全鲜活。

乙：**安静片刻，结束冥想引导。**

甲：**分享你现在的感受。**花点时间写下你的洞察，分享对你自己和你的比较心的发现。分享你对共通需要（Universal Needs）的收获。

然后，互换角色，继续练习。

结束和收获

两人分享练习中的洞察和学习，或任何新发现和感激。

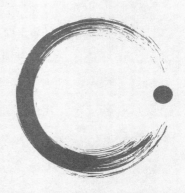

第 3 周 · 个人练习

"计划活出的需要"清单、
自我同理日志、自我同理冥想

"计划活出的需要"清单

> 非暴力沟通让我们展现的是一种神圣能量，而非身上的文化烙印。
>
> ——马歇尔·卢森堡
> （Marshall Rosenberg）

我们很多人在日常生活里都强调"做事"（doing）和"把事情完成"（getting things done），而不太重视生命状态（Being）以及我们行为中想要体现的精神是什么。这种生活方式可能会让人们觉得机械化和毫无乐趣，因为我们正在和自己失去联结。相反，当我们和需要的能量联结，并出于这种能量"做事"时，我们的语言和行为就非常深刻和有意义，生活就会更加丰富和充实。

今日……

持续觉察当下的身体和呼吸。在觉察中放松几分钟。

现在，看着你今日或本周的"待办事项"清单。如果还没有，花点时间记下今天你觉得重要的事情。

当你做这些事的时候，你想带着什么能量，想成为什么样的人。今天或这周，你想通过你的行为和语言，触碰和表达什么需要？**看看需要轮**，在

"待办事项"旁边写下你希望"活出"的需要。

例如：写下的清单可能看起来是这样的——

待办事项	"计划活出的需要"
打扫房子	玩耍、美
回复客户的消息	联结、处在当下、同理倾听
付账单	轻松、信任、秩序

就像对待重要的待办事项一样，随身携带这些"计划活出的需要"清单，或者将其贴在你能看到的地方。

当你发现自己活出那个需要的品质时，就在对应的"活出"项旁边标记一下。与待办事项不同的是，你可以多次标记"活出"项！

"计划活出的需要"清单

铭记在心

我们常常认为，想要精神上的觉悟或开悟，需要一些特别的体验，就像我们认为，要做一顿美餐或成为一名大厨，需要特殊的食材和豪华的厨房一样。但实际上，做一顿饭只需要将锅碗瓢盆和食材放在合适的位置。而要触碰到我们的灵性，只需要让心灵平静下来，就像让一杯浑浊的自来水静静沉淀一样。

——伯尼·格拉斯曼

(Bernie Glassman)

自我同理日志

如果你能体验到内心的杂草如何转化为精神养分，你的修行将
会取得显著的进步。

——铃木俊隆

（Shunryu Suzuki）

自我同理是一种练习，它把觉察和慈悲融入我们在日常生活中内心产生
的想法、感受、需要和请求。尽管自我同理可以随时进行，但在刚开始培养
自我同理的"肌肉"时，在一个得到呵护的环境中练习会更加轻松，比如在
我们的练习空间，而不是在社交场合中。自我同理日志就是这样一种练习方
式，它既是自我反思的工具，也是与生命联结的练习。在和他人进行艰难的
互动后，它支持我们的成长和清晰感，并将我们的能量引向丰富生命的行动。
如果经常练习，随着时间的推移，它也会发展和加速我们在"现场"互动中
应用非暴力沟通意识和语言的能力。

（你可以在 99 页找到今日练习的范例。）

坐几分钟，体会身体、呼吸和大地的支持。

想一件你和自己或者和另一个人之间尚未解决的事情，你想要更深入地探索——你或另一个人说了、做了什么，引发了你的反应。如果之前有过多次相似的互动过程，选择其中一次进行练习。如果这是你第一次做这个练习，选择一个情感分量适中的事件，而不是某个让你崩溃的事件。

1. 打开日志本，翻开新的一页，在顶端写上"事件"。在它下面，以你的方式随意写下能帮助你回忆起在那次事件里发生了什么的内容。

2. 在"事件"下方写上"刺激"，随后写下你或对方具体说了什么或做了什么引发了你的反应。写下清晰的观察，而不是对所发生事情的评价。你可以想象自己是在用摄像机看发生的事情。例如，"她批评了我"是一种评价；摄像机不会把文字解读为批评。在这种情况下，可以这样说："她对我说：'你为什么总是迟到？'"——只描述她说的那句话。如果发生的是一种行为，也适用同样的原则。例如，"他无视我"是一种评价。在这个情景里的行为可以是，"他从我身边走过，没有看我一眼"——只描述发生的行为。

3. 现在，把这一页剩下的地方分成三列：想法、感受和需要。

4. 把一只手放在额头上。在"想法"栏里，一个接一个地写下你对这个事件的所有看法、评判、解释和信念，一行写一条。如果找不到的话，请看上周个人练习"与需要相遇"中的例子（67页）。

5. 当你觉得围绕这个特定的刺激列出的想法清单已经非常完整（通常情况下，它们都是以不同的形式重复出现的一些相同想法），或者当你的注意力开始转移到你的感受时，深呼吸，把觉察转移到身体上。

6. 把手放到胸口。大声向自己读出你写的第一个想法，留意当你听到它时身体出现的感受。深呼吸，让自己真正体会那些感受。把这些感受或身体感觉写在想法旁边的"感受"一栏。如果你难以辨识感受或身体感觉，查看附录349~351页的"感受"和"身体感觉"，然后写下与你的感受相匹配的词汇。

7. 现在，做一次深呼吸，然后把手放在腹部。看一看附录347页的"需要轮"。那个想法和与之相关的感受表明了哪些需要？无须冥思苦想，在"需要"一栏写下任何让你眼前一亮的需要的词汇。如果有新的想法出现，把它们添加到"想法"栏。

8. 重复第6步和第7步，写下与清单上的每个想法相关的感受和需要。在写的过程中，体会你的身体和呼吸的感觉。

9. 重读一遍"需要"栏里的每个需要，大声念给自己听，体会当你听到每一个需要时你的身体感觉。

10. 在这些栏的下面，写上"陪伴需要一起坐着"，在它下面写上你体会到的最强烈的需要。花些时间和那些需要同在——注意它们在你身体的什么部位，它们在那里是什么感觉。留意它们对你的意义。不要着急——允许自己带着这些需要出去走走，或者花一天时间来反思一下。同时，留意那些看不见却挥之不去的、仍然吸引你注意力的想法。

11. 写下"洞察"一词，从"陪伴需要一起坐着"的角度反思，在它下面写出对这个事件的洞察。

12. 最后，在页面底部写上"行动请求"。当你从"陪伴需要一起坐着"的角度重新审视一开始写的"刺激"时，你对自己或他人有什么请求吗？你想采取什么小步骤来处理这个事件？写下你希望自己采取的行动请求。我们建议采取小步骤，因为它们比雄心勃勃的大步骤更有可能被付诸行动。此外，行动描述得越清晰、越具体，就越容易实施。

以感激今日的练习给你带来的一切作为结束。包括承认自己为实现这一目标所做的努力。

即时练习：当注意到某件事"萦绕在你的脑海中"的时候，停下来呼吸。在一张纸上，写下重复出现的想法。深呼吸，体会身体感觉的变化。把这些感受或身体感觉写下来。深呼吸，看看"需要轮"。你正在经历的想法和感受表达了什么需要？把这些需要写下来。再做一次深呼吸，与自己明确了的需要进行联结。现在，无论是什么行动在召唤你，去做吧。

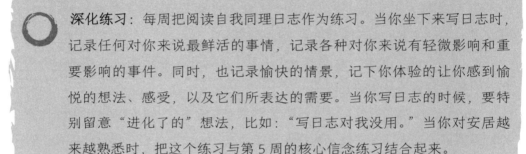 **深化练习**：每周把阅读自我同理日志作为练习。当你坐下来写日志时，记录任何对你来说最鲜活的事情，记录各种对你来说有轻微影响和重要影响的事件。同时，也记录愉快的情景，记下你体验的让你感到愉悦的想法、感受，以及它们所表达的需要。当你写日志的时候，要特别留意"进化了的"想法，比如："写日志对我没用。"当你对安居越来越熟悉时，把这个练习与第5周的核心信念练习结合起来。

范例：自我同理日志

事件：工作了一整天后，我太累了，回到家只想好好休息一下。李表现得很奇怪，可我不想理会。最后，他开始数落我跟他在一起的时间越来越少了，我觉得自己马上要发疯了。

刺激：李对我说："你从来不花时间陪我。"

想法	感受	需要
李根本不知道，为了维持我们的生活，我有多努力！	肩膀紧张、烦躁	欣赏、理解
我根本不该搬去和他住。	脸很烫、泄气、恼怒	内心宁静
他太不负责任。	愤怒、胸口发紧	支持
如果我像他那样生活，我们就饿死了。	腹部紧张、背疼、担忧	安全、健康
为了我们的生存，我必须努力工作。	沮丧、累	轻松、安全

陪伴需要一起坐着：轻松和安全

洞察：我发现，我认为维持我们的基本生活依赖于我非常努力地工作，这让我给自己施加了很大的压力。这种压力才是真正刺激到我愤怒的原因。承认我也有放松的需要时，我感到自己更加身心合一，也更愿意与李联结。

行动请求：我会问李是否愿意下次在我看起来很紧张的时候，把我的日志递给我（并吻我一下）。我也想在明日午餐时花 10 分钟和放松的需要同在，这样，我就能在工作中更容易触碰到这种品质的生命能量。

自我同理日志

铭记在心

很多人试图寻找一条精神成长之路,无须面对自我,却仍然可以解脱——从自身中解脱。然而事实上,这是不可能的。我们无法做到这一点。我们必须对自己诚实,必须看到我们的勇气,还有那些污秽不堪、最不想面对的地方。我们必须直面这一切。这是勇士精神的基础,也是战胜恐惧的根基。我们必须面对自身的恐惧,检视它、研究它,与之共处,并在冥想中练习接纳它。

——丘扬·创巴

(Chögyam Trungpa)

自我同理冥想

欢迎我们的一切自动化反应，而不敌视它，是一种彻底的转变。与其说"我必须克服这一点、摆脱那一点"或者"我必须疗愈这个方面"，不如靠近我们的反应，将其视为生命在我们内心的表达，它在对我们说："看见我，允许我存在。" 我们的解脱与自由在于，以一种接纳的态度面对我们最大的恐惧。转向我们视为生活阻碍的事物，便是自我慈悲的行为。

——罗伯特·冈萨雷斯
（Robert Gonzales）

我们都需要马上得到同理倾听，却既没有朋友可以帮助自己、也没有写日志自我同理的时刻。在那些时刻，我们可以练习自我同理冥想。当我们在整个过程中与身体和呼吸处在当下时，练习是最有效的。如果无法处在当下，这个练习就失去了它的力量，我们很容易迷失在因为应激反应而产生的想法和情绪中。在下面的练习引导里，手部的动作以及呼吸提醒，是为了支持我们与身体和呼吸保持同在，即便是在想法纷飞、情绪激烈的时候。虽然我们可能不会在社交场合用手做动作，但我们强烈推荐在私下学习时使用双手。

使用附录 353 页的"自我同理"作为今日练习的参考。

一旦你发现脑海中或心里有需要你慈悲地关注的事情时，停下手头在做的事情，做这个练习。例如，你忍不住想某件事，或你的胸口不断升起某种情绪，或你总是以某种自己不喜欢的方式对事情做出反应。

用一点时间呼吸，感受你的身体在大地上。

回想引起你注意的事情。

1. 把手放在额头上。当想法——和这个事件相关的故事、评判、解读或信念浮现在脑海中，大声说出它们，一次一个，以这样的话开头："我告诉自己……"在每个想法之间停下来呼吸，体会大地的支持。例如，"我告诉自己我永远不会快乐"，然后停顿，深呼吸，与大地联结；然后，"我告诉自己每个人都有自己的生活"，再停顿，深呼吸，与大地联结；接着说"我告诉自己我是别人的累赘"；等等。允许自己真正去倾听和体验每一个想法，而不试图摆脱它们。当你的思绪开始平静下来，注意力开始自然地发生转移，深呼吸，用手触碰心脏所在的位置。

2. 注意身体感觉和感受。当你注意到不同的感觉和情绪时，大声说出来。在每一种感受之间暂停并呼吸，体会它而不是试图改变它，体会大地的支持。例如，"沮丧"，然后停顿，呼吸，体会沮丧，与大地联结；接着说"肩膀紧张"，然后停顿并呼吸，体会肩膀的紧张，与大地联结；接着说"悲伤"；等等。到了一定的时候，你会感到身体安宁、柔和，注意力也开始自然地转移。这时，深吸一口气，把手放在腹部。

3. 看看需要轮。倾听内心：这些想法和感受表明了哪些需要？找出吸引你眼球的需要，而不是试图"弄清楚"或过多思考到底是哪些需要。大声说出每个与你产生共鸣的需要词汇。在每一个词汇之间停顿并呼吸，体会一下那个需要在身体里是什么感觉。例如，"信任"，然后呼吸，体会信任在身体里的感觉；然后是"支持"，接着呼吸，体会支持在身体里的感觉；然后是"放松"；等等。如果一个新的想法吸引了你的注意力，留意一下它。如果这种情况发生，就用这个想法重复步骤1到步骤3。或者，如果一种新的感受开始吸引你的注意力，那么就用这种感受重复步骤2和步骤3。

4. 把手放在腹部，花1分钟时间去体会你命名的需要。同时，当你和它们联结的时候，静下心来体会你的感受。这时，在你与需要联结时，通常会感到一种深度的平和与轻松感。如果你没有这种感觉，那么可能是某个想法或感受需要你关注，出现这种情况的话，可以回到步骤1（如果想法需要你关注）或步骤2（如果感受需要你关注）。

5. 现在，把手放在腹部，象征与这些需要深入且有体感的联结，再想到当初的事件。从与需要联结的角度来看这个事件，你想采取什么行动应对它？如果有，摊开双手，然后采取行动，或把它写下来作为以后的提醒。

6. 呼吸。与大地联结。感恩。

 小贴士：尽管这个练习是按步骤写的，但它不是线性的。换句话说，在冥想过程中，你很有可能随时会出现新的想法、感受或需要。如果是这样，就把出现的想法、感受或需要作为练习的下一步。让你的身体引导你保持在当下，不管什么吸引了你的注意力。

 即时练习：当你发现内心有什么在吸引你的注意时，停下来并呼吸。如果是一个想法，把一只手放在额头上，大声说出这个想法。允许自己去体验它，而不试图去改变它。如果是一种需要得到关注的感受，把一只手放在胸口，体会它在你身体里的感觉，而不试图去改变它。在你花时间体验想法或感受之后，深吸一口气，把一只手放在腹部。看看需要轮，为你体验的想法和感受背后的需要命名。再做一次完整的呼吸，与清晰显现的需要联结。现在，无论是什么行动在召唤你，去做吧。

深化练习：在任何时候，当你发现脑海或心里有什么需要得到你慈悲的关注，练习自我同理冥想。随着你对练习越来越熟悉，更多地让身体引导你去关注想要得到关注的东西，而不必担心自己是否完成了所有练习步骤。也许那一刻，仅仅在片刻之间把意识带到一个想法或需要上就足够了。如果你想利用这个练习改变或修正当下的体验，而不是慈悲地处在当下，特别留心这种轻微的渴望。用那些想法练习冥想，例如："我告诉自己这个练习没有用……"或者"我告诉自己，我现在应该有不同的感受……"等。

第 4 周

第 4 周 · 小组练习

靠近苦难和比我们更伟大的力量

靠近苦难和比我们更伟大的力量

我想，有些人会对我们表现出来的世故和轻浮感到震惊。但在其背后是极致的严肃感。信仰必须一天 24 小时在我们内心不眠不休地流动，否则我们将不复存在。

——比尔·W.

(Bill W.)

所有参与者准备：

❧ 带着你的《安居 12 周正念练习》、日志本以及喜欢用的笔来参加本次小组练习。

小组带领人需要准备：

❧ 在小组练习前一两日，提醒大家聚会的日期、具体时间和地点。

❧ 阅读"带领小组练习：小组带领人指南"（14 页），并查看其中各项"带领人职责"。

❧ 带一个"发言棒"（一根棍子、一块石头或其他方便用一只手拿着的东西）。阅读"圆圈会议"练习（113 页），了解如何使用它。

❧ 在圆圈的中央摆放需要卡，摆成放射状的曼陀罗形状或螺旋形。

开场冥想

邀请每个人坐在围成一圈的椅子上。

敲一次铃铛表示静坐冥想开始。

安静片刻后，向大家宣读下面的练习指南。用让大家感觉放松的方式朗读练习指南，在句子之间留出足够的停顿，并安静地呼吸：

> 当你来到这次安居小组时，让呼吸帮助你身心安定下来。只是让自己呼吸。只是留意你当下的呼吸。无须费力。
>
> 只是让自己呼吸。让腹部放松下来。
>
> 承认也许存在的紧张感。承认当天或本周心里还留存的东西。
>
> 只是让自己呼吸。让腹部放松。
>
> 当思绪涣散，只需回到呼吸。
>
> 不管想到什么，和这些想法在一起，呼吸。只是放松腹部。
>
> 此刻就是你存在的时刻。没有什么需要去理顺的事情，也没有什么事需要去完成。
>
> 这是练习与呼吸同在，它是比我们更伟大的东西。我们的呼吸一直都不费力气。现在，我们来接受这份珍贵的礼物。让腹部柔软下来。

再静坐几分钟，然后敲三次铃铛，结束冥想。

靠近苦难和比我们更伟大的力量

向大家宣读：

当我们在练习中敞开心扉接受小组的支持，把自己真实而柔软的内心世界展现给他人并让他们托举时，我们是在向比"我"更伟大的事物臣服。我们承认，依靠一己之力也许很难做到臣服。

当我们有更多机会停下来，我们就更能觉察到自己的想法、感受和需要，就更能觉察到靠意志力让自己变得平和或慈悲根本不可能。很多时候，我们似乎对自己产生的自动化反应无能为力。我们需要帮助，但常常害怕求助，因为这让我们感觉很脆弱。

有些时候，我们也许把自己折磨得太厉害，或是因为已经准备好了要改变，我们会觉得冒险一试是值得的。相较于单打独斗努力搞定它而让自己精疲力竭来说，谦卑地承认我们的局限性也许更好些！在某个时刻，当我们从自己给自己挖的坑中抬起头来，就会发现我们并不孤单。

当我们觉得自己"不孤单"时，那个存在对每个人来说都不一样。长久以来，它被冠以诸多称号：神、佛、更高的力量、爱、需要的生命能量。不管如何称呼它，归根结底，它都是你所体验到的比"我"更伟大的事物。

邀请每个人拿出日志本或一张纸。拿出蜡笔、彩色笔或荧光笔。然后宣读：

现在花点时间思考一下，"靠近一个比自己更伟大的力量"对你来说意味着什么。自由地画画，涂色，写下任何想到的东西，不用审查自己，也不用担心如何描绘它的"样貌"。你继续画画、涂色、写字的同时，我读一段文字，你可以把我阅读的内容当作下雨一样的背景音乐。

给每个人 1~2 分钟的时间，让他们专注地绘画和写作，然后以一种舒缓的速度，清晰而温和地阅读：

> 当我们进行精神修习，我们所做的一部分事情——有的人会说大部分——就是承认自己的局限性，向比自己更伟大的力量臣服。在安居，我们把自己交托给安居的架构，交托给安居小组，交托给我们的安居伙伴，交托给个人练习。这些都是我们生命的镜子。
>
> 安居之旅进行到这里，我们开始认真地靠近苦难而不逃避它。通过同理倾听和自我同理练习，我们正积极地用我们整个生命来看待苦难。我们不试图去修正或改变苦难，而是跟随它流动，并用爱和慈悲呵护它。
>
> 有能力靠近比我们自身更伟大的力量，使我们有可能在靠近苦难时不会崩溃或精疲力竭，甘地称这种力量为"真理"或"灵魂的力量"。它是无条件的爱的力量，也就是说，即使我们对爱不抱希望的时候，仍然有可能被爱。这也是马丁·路德·金（Martin Luther King Jr.）在面对不堪忍受的仇恨和暴力而寻找力量时，所说的灵性之爱（Agape）。
>
> 我们在自己的生命里也能找到这种力量。从我们的精神修习团体、我们的安居小组、前辈的教诲，以及我们的安居练习开始。

再给大家几分钟时间继续画画和写作。在这段时间里，你可以就这个主题独自画画和写作。

当你感觉大多数人已经完成或接近完成时，再等 1 分钟，然后敲铃。

圆圈会议[⊖]

邀请大家把日志本和纸放在旁边。 如果大家分散各处，请大家重新坐回圆圈，再开始这个练习。

手里拿着发言棒，向大家宣读以下练习指南：

> 现在开始在圆圈会议进行分享。在圆圈会议里，我们会把这个发言棒沿着圆圈传递，以表明我们把注意力放在谁身上。

给大家看你带来的发言棒，然后继续宣读：

> 我们全心全意、安静地倾听说话的人。当他们说话时，我们不评论或回应他们，也不思考轮到我们时要说什么。我们对每一位发言者都保持同理心。当轮到我们发言时，我们不提及其他人的分享，而是分享自己的经历和想法。
>
> 我们会进行三轮分享。在第一轮中，每个人都将分享这个话题："告诉我们你见到的自己和这个世界所经历的苦难。"我们从想先就这个话题发言的人开始，然后把发言棒传给他左边的人，由他继续分享。我们继续把发言棒在圆圈里传递下去，直到发言棒回到第一个说话的人手中，那时我会介绍下一个要分享的话题。由于要进行三轮分享，而且我们人数众多，请大家都注意把握发言的时长，这样每个人都有机会发言。与此同时，尊重你自己的声音，给它空间表达。

⊖ 圆圈会议是指一群人坐成一圈，并在圈内传递一件物品。拿着物品的人发言，而且每次一人发言。其他人则倾听。第一轮会议是这个物品绕着圆圈转了一圈，如果每个人自己愿意，都有机会发言。这种讨论形式来自北美土著传统。——译者注

查看是否有人对练习不清楚，需要再听一遍说明。一旦每个人都清楚了，邀请大家一起呼吸，和其他人一起处在当下。继续宣读：

> 告诉我们你看见的自己和这个世界所经历的苦难。现在谁想先就这个话题发言？

把发言棒递给那个人，开始第一轮分享。

当发言棒传了一圈回到第一位分享人手中时，你拿回发言棒，邀请大家一起呼吸。然后宣读：

> 在第二轮，让我们告诉大家，靠近一个比自己更伟大的力量对你而言意味着什么。现在有谁想先就这个话题发言？

把发言棒递给那个人，开始第二轮分享。

当发言棒传了一圈回到第一位分享人手中时，你拿回发言棒，邀请大家一起呼吸。然后宣读：

> 在第三轮开始前，让我们每个人都安静地看看我们的需要轮或面前的需要卡，以便与自己分享中的需要联结。看着这些需要时，呼吸，看看此刻哪些需要和你有共鸣。

给每个人1分钟安静的时间看看他们的需要，然后继续宣读：

> 在第三轮，让我们告诉大家，你在本轮分享中发现了哪些当下出现的鲜活的需要。这些需要与你对苦难的看法和比自己更伟大的力量的看法有何关联？
>
> 现在有谁想先就这个话题发言？

把发言棒递给那个人，开始第三轮分享。

当发言棒传了一圈回到第一位分享人手中时，拿回发言棒，邀请大家一起呼吸。

把发言棒放在圆圈的中央。

收获

邀请受到触动的人分享这个练习的挑战、收获，或者他们在今天小组练习中的发现。

最后，感激今天每个人的分享和处在当下。

结束

请一名志愿者下周带领小组。给他一套需要卡。

提醒志愿者在下次聚会前阅读"带领小组练习：小组带领人指南"（14 页）和"第 5 周·小组练习"（134 页）。

邀请大家一起做一次深呼吸。

请每个人用一个词描述他们在第 4 周小组练习中的收获。从你左边的人开始，然后顺时针进行，直到包括你在内的所有人都完成分享。

第 4 周 · 伙伴练习

面对苦难、寻找安宁

面对苦难、寻找安宁

愿上天
赐予我宁静，接受那些我无法改变的；
赐予我勇气，改变那些我能改变的；
赐予我智慧，分辨两者的不同。

——雷因霍尔德·尼布尔

（Reinhold Niebuhr）

当靠近苦难，接近比自身更伟大的力量，了解我们可以控制什么、不能控制什么时，我们就找到了安宁。我们知道哪些请求对自己或他人是可行的，哪些请求超出了我们的能力范围。当我们试图控制不可控之事时，常常造成了不必要的痛苦。如果能够辨别出我们在能力范围内可以影响什么，我们就能划出界限和做出决定，以满足需要。

聚会前的准备：

🍃 写下生活中你无法完全控制的三个方面，并描述你试图控制它们时所产生的挫折。

例如：

<u>我的伴侣</u>：尽管我真的认为他的某些行为需要改变，但还没有改变时，我会很沮丧。当他再次做出这种行为时，我试着让他知道这是"错误的"，但我们只是吵架，感觉关系更加疏远了。

<u>我母亲的"偏见"</u>：多年来，我一直告诉她，在公共场合谈论她相信的一些神怪之事是不合适的，但她仍然说一些我永远不希望我的孩子们听到或模仿的话，这让我感到沮丧。当我试图让她改变时，只会加深我们之间的隔阂，让我们更加无法亲近彼此。

<u>美国总统所做的决定</u>：虽然我相信我可以影响决策，但我知道最终总统会做出他自己的选择。我很沮丧，因为我仍然告诉自己："我知道什么是对的，他应该做什么。"当我试图做超出我力所能及的事情去影响总统的选择时，我就会让自己身体不适，情绪低落。

🍃 列出生活中你可以影响并立即可测量出变化的三个方面，并描述你如何为它们负责。

例如：

<u>我的职业选择</u>：我可以选择我的工作。我已经为此承担责任，因为我不会在一份工作上花费过多时间而让自己不愉快。

<u>我吃的食物</u>：我有能力选择我要吃的食物。当我注意到我的身体对我所

吃的东西反应不佳时，我就会负责任，然后选择不再吃它。

我说的话：我有能力选择说什么。当我说的话没有以我喜欢的方式建立联结时，我会表示遗憾，或者通过练习正念来更清楚地意识到我说的话。

🌿 带上你写下的内容与安居伙伴进行练习。（如果你们是打电话联系的，可以事先用电子邮件把写下的内容发给对方。）

开场冥想

问候你的伙伴。

选择一人为 5 分钟的冥想计时。

一起安静地坐着，把注意力放在呼吸上，让身心安定下来。

计时的人 5 分钟后示意对方时间到了。

最后，鞠躬感谢你的伙伴陪伴你一起坐着。

面对苦难，寻找宁静

把你之前准备好的内容交给或发邮件给你的伙伴。另外，把附录的"需要轮"放在旁边。

决定谁是甲，谁是乙。

1. 甲大声读出乙列出的生活中不能完全控制的第一个方面。乙静静地倾听，带着好奇心、处在当下和联结的意图。

2. 当甲读完后，乙看着需要轮，说出 1~2 个听到的需要。

3. 甲写下乙说出的需要。

4. 再次用步骤 1 到步骤 3 完成乙剩余的其他两个不能完全控制的方面，再用步骤 1 到步骤 3 完成乙列出的生活中可以控制的方面。

5. 当甲大声朗读完乙列出的所有方面，并写下乙列出的所有需要，甲把所有需要的词汇一个一个慢慢地读给乙听，在每个词间隙深呼吸一次。乙把手放在腹部，只是体会所有这些需要，呼吸，不管出现了什么，都与之同在。

6. 安静地做几次深呼吸，分享你的洞察。

7. 互换角色。

结束和收获

分享你在本次练习中的洞察、学习或发现，以及对本次练习经历的感谢。

同时，为了欢迎自己和安居伙伴以这种方式参加安居小组，花一点时间互相感谢对方做自己的安居伙伴。下周，你将开始与新的安居伙伴进行第二个月的伙伴练习。

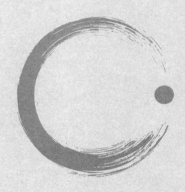

第 4 周 · 个人练习

生命盒子、每日奇迹、祭拜先辈

生命盒子

在虔诚修习的过程中，困难之处在于暂停"智识"，仅仅把我们的心灵托付给那些不可控却支持我们的恩典之力……这是一封情书，也是一个请求……当你从自己内心唤起对群山、河流、人行道和公园长椅的爱时，你便能体验到被自己唤起的那份爱所带来的支持……培养这种"真正托付"的心境，会创造一种内心的稳定，这种稳定就如同启悟本身一样美好。而且它要容易得多，也谦逊得多。它只需要我们放下复杂的思维……所以就只是……"保佑这一团乱吧"。

——柯基·阿卡维瓦

（Koji Acquaviva）

随着练习的进展，我们可能会发现脑海中的"应该"也在跟着升级。以前，我们脑海中的"应该"听起来是一系列应该做什么的任务列表，现在的"应该"变成了一连串不友善的精神成长建议，比如"我应该更冷静"或"我应该更有同理心"。事实上，随着我们越来越关注自己的内心活动，那个随时提供建议的大脑似乎也在制造问题。

这种情况下，我们在日常生活中所能做的最明智的事情之一就是承认自己的局限性，承认我们需要支持，以超越那些"发馊的想法"。不管是否相信有一种更高的力量存在，我们都需要找一个地方来放下我们的担忧，既尊重它们的重要性，又让我们的头脑和身体得到真正的休息。

制作一个"生命盒子"，把它放在你的练习空间。生命盒子是一个容器，供你放置头脑中关注和担忧的事情，放下它们，让生命用它的方式在它的时间范围内解决。"生命"在这里是一个缩略语，指所有更伟大的和超出我们头脑所能掌控的生命。你可以使用任何自己喜欢的方式称呼它。例如，佛陀盒子、上帝盒子，或宇宙盒子，或超越头脑想象的更大的盒子。

写下你理智和心灵一直想要解决的具体事情，把它放在生命盒子里。

在一日中，如果这种担忧再次出现，请记住，它在生命盒子里，将在生命的时间中解决——现在它不是你能控制的。如果你愿意，把任何冲动地马上要"做点什么"的能量引导到上周的自我同理练习中，或者只是与呼吸同在。这并不是要你忽略任何你觉得需要采取的具体行动。就像我们的自我同理练习一样，一旦联结到需要，如果你觉得自己被召唤采取某种具体的行动，那就去做吧。我们要放下的是对采取的行动产生某种特定结果的期待。让生命来决定结果。

在安居接下来的旅程中，当你发现自己因为某件具体的事情殚精竭虑时，继续使用生命盒子。留意这些问题真正得到解决的时候，并在那些时刻感激生命完成了这项工作！

 即时练习：现在，如果有某件让你担心的事情占据了你的身心，让你感到异常沉重或难以承受，做一次深呼吸，想象把它从肩膀上移开，并把它以及如何解决它的希望放到生命的手中。如果你感到需要采取具体的行动，那么就去做吧。否则，呼气并完全释放你的忧虑，知道它现在就在生命的掌握之中。

深化练习：作为持续进行的练习，一旦发现自己正在面对一个棘手的情况，首先默默地或大声地承认这个挑战超出了你的应对能力。用你自己的语言方式向生命寻求支持，以一种对所有人造成最小伤害，并对所有人做出最大贡献的方式解决问题。花点时间呼吸，觉察一下，你并非孤身一人在面对这个挑战，让自己安心。在一天结束的时候，花点时间回顾你的一天，在得到比自己更伟大的力量的帮助时，承认并感激它。

生命盒子

铭记在心

作为一个物种，我们常常习惯于把担忧的事情当作大石头拖来拖去。我们在起床时，伸手拿起大石头，把它拖出门外，下楼，然后把它滚进汽车的后座上。接着，我们开车去某个地方，打开车后门，把石头拿出来，无论去哪里都带着它。因为它是我们的大石头。它对我们来说非常重要，我们需要时刻把它放在视线范围内。而且，有人可能会把它偷走。夏威夷酒鬼建议你试着扔下石头，也就是说把它放下，放在你脚边的地上。然后，对上天说："我把石头放在这里，你处理吧。"

——安·拉莫特

（Anne Lamott）

每日奇迹

以下是度过生命的指南：

　给它注意力。

　保持好奇。

　讲述它。

——玛丽·奥利弗

（Mary Oliver）

　　在日常生活中，我们大多数人最关心的往往是那些最次要的事。人际关系、工作、物质财富、金钱和政治等琐事占据我们的身心。在这些东西背后，那些看不见的、无从知晓的事物和动力，让我们过着现在的生活。我们的所作所为看起来就好像是我们凭借聪明才智设计、创造了所生活的世界，我们忘记了有多少事物是被无条件给予我们的——就像我们脚下的大地一样。在我们生命中每一个醒着或睡着的时候，大地支撑着我们身体的重量。地球和地心引力让我们能够休息、站立、坐着或躺着。这些是大地给予我们的免费礼物，无须回报，也不收费。从我们出生的那一刻起，直到我们死去，我们都会得到它的支持。我们无须开悟或是精神进化，也不必信奉什么或是日日行善，更不必拥有金钱、特权或声望，就能得到它。大地无条件地养育着我们。无论我们将其视为生命的奇迹，还是构成生命之间相互依存的部分原因或条件，重要的是我们看到了这一点。看到生命的奇迹，就是放弃以自我为中心的生命视角，敞开心扉，接受此刻来自脚下大地的支持。

坐几分钟，体会身体、呼吸和大地的支持。

留意生活中的任何事物，让你觉得有比你更伟大的东西在起作用。它可以是任何事物，不管是看到旁边飞舞的蝴蝶，还是意识到你的某个问题似乎自然地解决了。

整天都保持这种觉察。

把你注意到的"奇迹"罗列出来。至少写下 10 个。

每日奇迹

铭记在心

与真实的事物接触，与此刻真实存在的事物接触，尽管它可能并不引人注目，但这有什么难的呢？这是我们需要处理的问题吗？风声、树叶沙沙声、呼吸声、心跳声，房间的亮光、木地板的颜色、垂下的手，唾液积聚和吞咽，这些都是真实的事物。有的人为了与真实的事物接触，试图寻找一些壮观的、不同寻常的东西，却不屑于把脚踏在最平凡的地面上，比如潮湿的小路、一块木地板、一块地毯上……其实，整个宇宙都在那里——它是奇迹，而不是概念。

——托尼·帕克

（Toni Packer）

祭拜先辈

你能感觉到来自先辈滚烫的爱，以及他们对家庭、对民族、对大地的奉献吗？接受这份爱，当作他们送给你的礼物……先辈也从他们的苦难中收到了礼物：勇气、耐力、韧性和顽强的毅力。接受这些品质，把它们也当作给你的礼物。

——乔安娜·梅西

（Joanna Macy）

在现代，我们向先辈、那些我们追随其足迹前行的人寻求帮助，可能看起来有些奇怪、唯心或陌生。然而，当我们了解了马丁·路德·金、甘地、释一行等伟大精神领袖的生平时，就会发现，他们每个人都曾向他们的先辈学习，并从先辈身上汲取力量。那些已经去世、但其生平和行为却深深激励了我们的老师、朋友和家人，是我们在精神修习中获取力量和智慧的源泉。通过认识到我们获得的成就在一定程度上仰赖于他们所做的一切，并且与他们共存的力量（那种远超个人的力量）建立联结，我们就能在修习时保持谦逊，并被他们赋能。我们每个人都是非暴力传承下的一分子，这种传承源自遥远的过去，历经悠久的历史，也会走向无限的未来。当我们祭拜先辈时，我们在这种传承中就占有一席之地了。

今日······

　　如果你还没有在练习的地方放上曾经和你走过相同的道路、以身作则地教导或启发过你的某些先辈（如老师、朋友或家庭成员）的照片，那么，邀请你现在放上。

　　向他们的照片献上礼物，就像欢迎尊贵的客人一样。例如，放一些鲜花、一杯水或者一小盘他们喜欢吃的食物。

　　之后，花几分钟时间看看这些先辈的照片。如果你在今天的生活中遇到了什么挑战，不管是内在的还是外在的，你可以告诉先辈并请求他们的帮助和指引。

　　无论是面临挑战还是一帆风顺，想想先辈此刻会给予你什么智慧，并接受他们的支持和指引。

　　最后，感谢他们给予你的指引。

 小贴士：把和先辈的关系看作是持久的关系，而不是一次性的练习。你将如何把先辈给予的智慧融入日常生活中？也许你可以定期给他们献上他们喜欢的东西，每天花一点时间和他们坐在一起，说说话。

 即时练习：此刻，花点时间回忆一下，在你的生活里深刻影响或启发过你的一位老师、朋友或家庭成员。请在心里向他们致以问候。如果你此时遇到了问题或挑战，向他们寻求帮助和指引。呼吸，接收任何回应。如果没有任何问题或挑战，只是呼吸，并感激他们在你的生命里存在，认可他们的语言或行动为你做出的贡献。

 深化练习：无论你走到哪里，想想你行走的这片土地上，谁的祖先曾居住过。在心里问候他们，承认他们的存在，感激他们的贡献。在你做出一个重大决定，或进行一场需要由你带领或参与的重要对话之前（例如，在你授课、参加某个会议或与某人进行艰难对话之前），抽出几分钟时间寻求先辈的支持，邀请他们帮助和指引你的行动。之后，如果有人感谢或表扬你，花一些时间在心里默默地感谢先辈，或者向对方明确地表达你对先辈的感激，谢谢他们为造就今天的你所做出的贡献。例如，"我想把你的感谢也给予我的老师们，因为是他们的指引帮助我成为现在的我，我很感激现在我能够与你们分享他们教给我的东西。"

第 5 周

小组练习：核心信念
伙伴练习：同理倾听
个人练习：解密核心信念、习惯和选择、请求

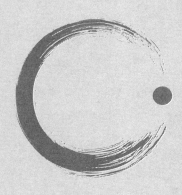

第 5 周・小组练习

核心信念

核心信念

"清醒"，意味着进一步看清我们的困惑。

——丘扬·创巴

(Chögyam Trungpa)

所有参与者需要准备：

- 带上《安居12周正念练习》和日志本。

小组带领人需要准备：

- 在小组练习前一两日，提醒大家聚会的日期、具体时间和地点。
- 阅读"带领小组练习：小组带领人指南"（14页），并查看其中各项"带领人职责"。
- 在圆圈中央摆放需要卡，摆成放射状的曼陀罗形状或螺旋形。

开场冥想

邀请每个人坐在围成一圈的椅子上。

敲一次铃铛，示意大家静坐冥想开始。

安静片刻后，向大家宣读以下练习指南。用让大家感觉放松的方式朗读练习指南，在句子之间留出足够的停顿，并安静地呼吸：

> 花点时间调整你的坐姿，找到让你既放松又清醒的姿势。
>
> 做一次深呼吸。呼气时，释放身体里的紧张感，并安定下来。
>
> 双目低垂或闭上眼睛。感受大地的支持。
>
> 做一次深呼吸。呼气时，释放想要释放的任何压力，让你的思绪在大地的支持下安定下来。
>
> 继续呼吸，体会腹部轻微的起伏。让你的注意力停留在那里。

安静几分钟，然后宣读：

> 一旦发现自己陷入各种各样的想法里，只需深吸一口气。让呼气温柔地带领你回到腹部和呼吸上，并安住其中。

安静几分钟，然后宣读：

> 只是坐着。
>
> 就像抱着刚刚娩出子宫的新生儿。处在当下带来进一步的处在当下。
>
> 就像和一个知道死亡即将到来的人坐在一起。处在当下召唤着处在当下。现在就给自己那个空间。
>
> 一个我们在出生以及看见生命诞生时就知道的空间。
>
> 一个我们在死亡以及看见死亡时会知道的空间。只是呼吸。只是处在当下。只是呼吸。

再静坐几分钟，然后敲三次铃铛结束冥想。
向大家鞠躬表示感谢。

向大家宣读，或邀请他人轮流向大家朗读一个或多个段落：

在出生和死亡之间，是生命。我们的经历，尤其是我们小时候的经历，塑造了我们之后的生命状态。我们在练习中可能已经注意到：某些想法和感受是我们十分熟悉并反复出现的。就像我们会在多种情形下看见自己或他人重复上演老故事一样。深入探究下，我们甚至会发现，我们大部分的想法都和一些有限的核心信念有关，即我们是谁，世界是怎样的。今日，我们将开始探索一些核心信念，以及它们是如何在我们的意识中显现的。

我们的核心信念，最初可能只是在暂时性表达自己、父母、老师或我们所处社会时代的需要。在当时，这些表达可能是我们对周围世界的最好理解，也可能是为了寻找安全、爱或接纳。例如，"你不能相信别人"的信念可能是帮助我们保持安全的有效方法。这些表达方式，也可能是我们的父母根据他们从自己的父母、老师或成长的社会中学到的东西，尽力为我们做出贡献或者为了寻找自身的安全感、爱意或归属感的最佳尝试。

随着时间的推移，这些表达方式帮助我们在这个世界上生存，并让我们拥有归属感，进而"证明"了它们的正确性，它们成为我们基本世界观的一部分，塑造了我们理解和回应生活经历的方式。这就是为什么称它们为核心信念的原因。今天，我们查看它们的原因是，到了生命中的这个时刻，在很多关系中，我们已经超越了这些核心信念。例如，"你不能相信别人"的信念也许让我们安全，在某些场合秉持这样的信念仍然会保护我们，但在现今的社会我们也可以看到，有时候这样的信念会在我们与某人联结时制造痛苦。

　　拥有核心信念并没有错。事实上，随着我们个人的成长，助长我们形成这些信念的社会环境或家庭结构可能并没有变化。认识到我们的核心信念，以及它们是如何保护我们的，可以帮助我们辨别我们带着核心信念回应外界，到底是在保护自己免受当前的伤害，还是出于习惯性反应或过去创伤造成的应激反应。这一认识支持我们在满足所有需要的基础上，设定界限，我们在后面的安居练习中会进一步探讨。

　　今日，我们将找出一些自己的核心信念及其背后的需要，这样我们就可以开始理解它们如何影响我们对外界的反应。

探索核心信念

邀请每个人拿出日志本或一张纸，以及写字的笔。
向大家宣读以下练习指南：

　　核心信念通常表现为五个基本类型，每种类型都可能有各种不同的表现形式。我们现在花一些时间来探索这些方面在我们生活中的表现。让这个过程成为一种冥想，时而写作，时而只是坐着，处在这个过程中，体会内心受到的触动。之后，我们会请大家分享和讨论。

　　我们要探讨的第一个类型是不足感或匮乏感。这个声音告诉我们，"我不够……""我是孤单的""我不被爱"。也可能听起来像这样，"我过于热情"，或者"别人受不了我"。我们每个人可能使用的词汇不同，但它们都表达了不足感或匮乏感。

　　我们会在日志里列一个清单，写出我们告诉自己的任何内容，它们助长了这种不足感和这种"不够"的想法。对他人的各种评判，也会助长"不够""过于"或"不足"的核心信念。我们先安静几分钟，列出几个这样的想法。这么做的目的只是为了探索。

给大家包括你自己几分钟时间，安静地写日志。一旦每个人都写下了自己的想法，继续往下宣读：

现在，我们来探索"挣扎"这一类型。关于生活是一场挣扎，你都告诉过自己些什么？如果比较心告诉你，别人过的生活比你容易，它都说了些什么？你对自己或他人的哪些评判助长了"生活是一场挣扎"的想法？

留意任何对这些想法或评判的抗拒。然后，深呼吸，慢慢继续。允许它们浮现出来。

现在，我们花几分钟时间安静地列出和"挣扎"相关的想法。

给大家包括你自己几分钟时间，安静地写日志。一旦每个人都写下了自己的想法，继续往下宣读：

现在，我们来探索"痛苦"的类型。其核心信念是：生活从本质来说是痛苦的，无论我们做什么，我们都必须受苦。然而，这样的想法在你内心的表达可能是："地球在受苦""关系在受苦""工作在受苦"。你对自己或别人的哪些评判助长了"生活就是受苦"这样的想法。

现在，花几分钟时间列出和"痛苦"相关的想法。

给大家包括你自己几分钟时间，安静地写日志。一旦每个人都写下了自己的想法，继续往下宣读：

现在，我们将探讨"危险"的类型。其核心信念是：从根本上来说，生活是危险的。例如，你相信你不得不时刻防备有人暗算自己，你不能信任别人，或这个世界不安全。你对自己或他人的哪些观点助长了你认为"活着总是危险的"这样的想法？

现在，花几分钟时间列出和"危险"相关的想法。

给大家包括你自己几分钟时间，安静地写日志。一旦每个人都写下了自己的想法，继续往下宣读：

现在，我们探讨"二分法"的类型，即从根本上说，生活是非黑即白的。你对自己说过些什么助长了这种二分法的感觉（比如：人非好即坏，选择非对即错，情况非赢即输，一切不是这样就是那样）？你对自己或别人的哪些评判助长了这种二分法？

现在，花几分钟时间来列出与"二分法"相关的想法，以及你对自己或他人的哪些评判助长了你认为生活是二分法的。

给大家包括你自己几分钟时间，安静地写日志。一旦每个人都写下了自己的想法，继续往下宣读：

现在，做一次深呼吸。看看你写出的清单内容，用一点时间读给自己听。

暂停一会儿，让每个人看看他们的清单，然后继续宣读：

当你把这些内容读给自己听的时候，留意并体会你的身体和你的状态。记得觉察呼吸。

当你面对你的核心信念以及助长它的想法和评判时，体会你出现的任何感受。

暂停一会儿，让大家继续读一读他们的清单，然后继续宣读：

面对这些想法或许会让我们有些不舒服，过往的经历所引发的各种感受一齐涌上心头。或许你会松一口气，"啊，终于，我们来看看这个。"

我们两人一组互相支持，继续探索，用这些想法练习正念觉察和自我同理。在这个练习中，你会和一位练习搭档面对面坐着。如果你愿意，可以打开附录353页的"自我同理"，作为参考。

等每个人都和一位搭档面对面坐好，并准备好开始练习，为了表达清晰，缓速宣读以下练习指南：

在这个练习中，你的搭档将作为你的想法的发言人和见证人，为你创造一些空间来体验自己的想法。从你所写的清单中挑选三个你最想练习的想法，写在一张纸上，或者在你的日志里给你的搭档标记出来。

你的搭档会带着情感，而不是像机器人读剧本那样，向你大声说出这些想法。

当你的搭档读出一个想法时，你把手放在额头上，呼吸，体会他说出的想法。

你的搭档读一个想法时，会安静地处在当下，并怀有同理心，而你继续进行自我同理练习。深呼吸，把手放在胸口，体会出现的任何感受或身体感觉。大声说出你留意到的任何感受或身体感觉。

呼吸，把手放在腹部。体会自己有什么需要。这个想法表达了什么样的生命品质？大声说出你的需要，你的搭档会把它们记录在一张纸上。

当你准备好同理倾听另一个想法时，只需把手放在膝盖上，以此说明你愿意让你的搭档读出你清单上的下一个想法。然后，当你的搭档大声地向你读出这个想法时，你把手放回到额头上，再次进行自我同理练习。

一旦你对这三个想法都进行了自我同理，深吸一口气，把一只手放在腹部。你的搭档会缓速地、一个接一个地向你读出你发现的需要。利用这个机会深入了解这些需要对你的意义，以及它们在你体内的感觉。

保持与这些需要的联结，体会你是否想要对自己提出请求，尊重此刻碰触到的需要。你的搭档会记录任何请求。然后你们互换角色。

查看是否有人不清楚练习，需要再听一遍说明。一旦每个人都清楚了，邀请大家一起呼吸一次，处在当下，并开始练习。

留意时间。留出 10 分钟来进行"收获"和"结束"，在练习还剩 5 分钟时，提醒大家一下。

要进行到"收获"的时候，敲铃，邀请每个人感谢他们的搭档，然后重新围坐在一个圆圈里。

收获

邀请觉得有所触动的人分享他们遇到的挑战、学到的东西，或者在今日小组练习中的发现。

最后，感激大家的分享和练习。

邀请每个人坐在安居伙伴旁边。然后，向大家宣读：

> 今日，我们将为第二个月的安居之旅选择新的练习伙伴。和以前一样，我们唯一的提议是，家庭成员和生活伴侣等到第三个月再成为练习伙伴。这样做是为了照顾到安居开始时可能面临的脆弱感，以及家庭与亲密关系中的相互拉扯。此外，我们的目标不是找到"完美搭档"，而是让直觉引领我们找到练习搭档。现在，让我们花1分钟时间安静地呼吸和想象，除了坐在身边的当前的安居伙伴，我们感觉希望和圆圈里的哪两位进行一对一的练习。

安静1分钟，然后宣读：

> 现在，如果有脆弱感出现，用呼吸陪伴它。把身体朝向那两个人中的一个。我们以此开始，讨论谁将是你第二个月的练习伙伴。我们将花5分钟讨论。

留意时间。只剩下1分钟时，告知大家。

在每个人都找好了练习伙伴之后，宣读：

> 今天的小组练习结束后，请找个时间与你的练习伙伴联系，安排你们的第一次聚会。此外，如果你或你的伙伴无法经常一起练习，请联系小组伙伴们，问问是否有人愿意做你这个月的后备练习伙伴。

结束

请一名志愿者下周带领小组。给他一套需要卡。

提醒志愿者在下次聚会前阅读"带领小组练习：小组带领人指南"（14 页）和"第 6 周·小组练习"（164 页）。

邀请大家一起做一次深呼吸。

请每个人从圆圈中央选择一张需要卡，说说他们在第 5 周小组练习的收获。

邀请每个人分享他们的需要，从你左边的人开始，让他们把手中的卡片正面朝外，让每个人都能看到。沿着圆圈顺时针进行，直到包括你在内的每个人都完成分享。

第5周·伙伴练习

同理倾听

同理倾听

深度倾听可以帮助他人减轻痛苦。你倾听的目的只有一个：帮助他或她清空心里的东西。

——释一行

（Thich Nhat Hanh）

开场冥想

花几分钟时间和新搭档相互问候，也许和他分享一些他还不知道的、有关你的事情。

之后，决定谁为 5 分钟的静坐冥想计时。

一起安静地坐着，与呼吸、身体和大地同在。

计时的人于 5 分钟后示意对方时间到了。

最后，鞠躬感谢你的伙伴和你一起坐着。

分享和同理倾听

互相问问对方，是否想要重温一下同理倾听伙伴练习。如果要复习，你们可以轮流大声朗读第 2 周伙伴练习，即 59 页的"进行分享和同理倾听"的阅读部分。

然后，决定谁先分享，谁先倾听。把附录中的"需要轮"放在手边。

1. 分享者分享此刻想到的生活中发生的事情。可以是小事情或大事件，可以是痛苦的或快乐的。唯一的要求就是这件事对分享者来说是有意义的。

2. 倾听者安静地带着好奇心、正念临在、联结的目的以及关注需要的态度倾听对方。如果你的大脑突然跳到建议、评判、安慰、同情或可怜对方上，深呼吸，然后回到好奇心、正念临在、联结的目的以及关注需要上。

3. 当分享者停顿下来呼吸的时候，倾听者就会看着"需要轮"，用一个简单、同理的猜测来验证对方正在表达的感受和需要。例如："你感到悲伤是因为你需要接纳吗？"或"我听到的是对信任的需要吗？"或"你需要被看到吗？"或"我从你的话里联结到了尊重和体贴的需要，这些是你的需要吗？"或者只是用需要的词汇来表达，例如："爱？"或"慈悲？"每次只给出一个需要。让对方接收到，然后深呼吸。

4. 一起呼吸。

5. 分享者继续分享他们心中依然鲜活的东西。当分享停顿时，倾听者会用简单的同理猜测来确认对方表达的感受和需要。

6. 继续进行，直到分享者感到完成了——通常看起来有放松的感觉。在这个过程中，倾听者跟随分享者的引导，不用试图"正确"地猜测或分析分享者的故事，这一点很重要。猜测，仅仅是为了反映你全心全意地和分享者在一起，而不用焦虑、努力地向对方反馈你听到的每一个字。

7. 然后互换角色。

结束和收获

在双方都有机会分享和倾听后，分享对自己的发现，以及通过这种方式被倾听后的感激。

伙伴支持

讨论一下，本月两人愿意如何相互支持每日的个人练习。每对搭档发现的最有支持的练习方式可能并不相同，所以他们使用的练习方式可能也并不一样。例如，一对搭档可能想每天在完成自己的个人练习后，给对方发短信或邮件；另一对可能想在本周找个时间通电话，说说本周个人练习的体验。

同时，两人讨论一下，是否都有兴趣或意愿在常规的伙伴练习之外，打同理心电话。例如，安排第二次每周通话，只是为了同理倾听，或者同意彼此"随时待命"的同理倾听。

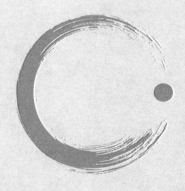

第 5 周 · 个人练习

解密核心信念、习惯和选择、请求

解密核心信念

我们常常根据对自己的假设行事，甚至不知道自己在做什么。很多时候，直到在冥想中我们才意识到，生活中的诸多恐惧和缺乏自信源自我们童年的经历。理智的大脑知道，一直想着童年发生的悲惨事情是荒谬的。但如果它们在你中年时不断出现在你的意识中，也许它们是在试图告诉你一些你小时候形成的假设。

——匿名

核心信念是我们对自己和生活的基本观念。它们反映了我们过去的生活经历，也塑造了今天的我们。核心信念可以分为以下几个基本类别：

- 不足——例如：我不够……，我孤独且没人爱我（或：没有足够的爱），生活中缺少……
- 挣扎——例如：生活从根本上就是挣扎，我不得不一直工作。
- 受苦——例如：生活的本质就是受苦，我永远不会自由。
- 危险——例如：生活本质上就是危险的，我总是不得不保持警觉。
- 二分法——例如：我是好人／坏人，我是对的／错的，这件事我赢了／输了。

每个人的境遇不同，所以核心信念的表述方式也不同。一开始，核心信念大多数是我们心中激起的不满感觉，而不是那些用来描述它的词汇。核心信念会过滤我们的现实，影响我们的想法与感受，以及对生活中各种情况的反应。当我们坚持认为它们是真的，我们的行为方式往往会切断我们与自己和他人的联结。另一方面，当我们认识到自己的核心信念是什么，了解到过去它们曾是尝试满足需要的表达，而现在也许可以、也许不能再满足需要，我们就能在这些信念出现时，对它们的各种表现方式产生慈悲。

今日……

让身心安定下来，有意识地与大地和呼吸同在，并与之联结。

回想一件你与自己或他人之间的尚未解决的事情，你想要对它进行更深入的探究——比如，你自己或对方当时说了某些话或做了某些事情刺激到你，让你产生了某种应激反应。这种情况不一定要涉及他人，例如，你做了一件只对自己造成伤害的事情。无论哪种情况，今天，选择一个你觉得安全的环境，并独自去探索。

觉察与此情景相关的想法。如果写下来有助于你集中注意力，那么可以写下来。

在这些想法中，有哪些是关于自己、他人或生命本质的老调重弹的想法？探索这些想法，直到你找到关于自己或生活的基本核心信念。如果难以找到核心信念，你可以在审视某个想法时问自己下面的问题，以便深入思考。

恐惧："如果发生了这种事，对我意味着什么？"

信念："这说明了我什么？"

应该："是什么让我觉得生命（或我）应该是这样的？"

写下你的核心信念。

花1分钟时间留意并体会，当你告诉自己这个核心信念时，自己的身体感觉。当你的情绪起起伏伏时，有意识地呼吸，并用它支持你。

让记忆 / 画面浮现。反思：我在生活中其他什么时候出现过这种信念？

继续让记忆 / 画面浮现。你记得这种信念最早是什么时候开始影响或进入你的生活？

花几分钟时间在你的日志里写下那段经历——你记得发生了什么事情，谁在那里，你当时有什么感受。无论有什么浮现，都顺其自然，不期望它看起来或感觉起来应该如何。呼吸。体会并和起伏不平的情绪同在。如果有些情绪让你感到难以承受，更多地觉察呼吸，或者体会被大地支持的身体的感觉上。

看看需要轮。在你生命的那一刻，有什么需要是你渴望被看到和理解的？把它们写下来。

现在，深呼吸并与这些需要联结，花几分钟时间来拥抱和同理倾听那个年龄的自己，理解和接纳那时候的自己。如果你愿意，通过触摸自己的身体或说出来，从而给予自己理解和接纳。例如，把手放在心口，或双臂环绕自己的身体。或者，对自己说："我看到你只是想要被爱，想要安全。现在我理解你了。"

停止回忆，重新与大地和你的呼吸联结，感谢你的核心信念试图满足的、为生命服务的那些需要。

在今天剩余的时间里，如果你发现一个核心信念出现了，停下来，花 1 分钟时间与身体感觉和起伏的呼吸同在。在那一刻拥抱自己，感激那个核心信念尝试满足的需要。呼吸。

 小贴士：如果这个练习带来了新的回忆或情感上难以承受的过往事件，那么从"情感创伤"的角度来看待它，并获得他人的支持，可能会对你有所帮助。考虑与你非常信任的人谈谈，或者向了解创伤的治疗师求助。一个能给你良好支持的人会帮助你敞开心扉，揭开自己的经历，而不是把你的经历或你视为不正常或不健康的。

 即时练习：呼吸。花一些时间体会一下，是否有过去的痛苦在此刻或是今天早些时候被触发了。你对事情的反应方式是不是很熟悉，就像你小时候或青少年时的反应？也许你的语气或者身体里的感觉和以前某些时候是一样的。现在看看"需要轮"，考虑"比现在年轻的你"的哪些或哪个需要渴望被看见和理解。深呼吸，在这一刻，只是拥抱那个时候的自己，给它理解和接纳。

 深化练习：把观察自己被触发的反应，作为一种日常练习，即使是轻微的反应。尤其留意你很熟悉的身体感觉和习惯性反应，它们似乎已经在你的生命里陪伴你很久了。按照今天的练习指南，每周花一些时间来梳理这些情景。随着这些反应背后的信念、记忆和需要变得越来越清晰，把这种意识带到你的生活中。例如，下一次当你发现自己又出现和"以前的你"一样的反应时，你可能会选择呼吸、拥抱和同理倾听自己。或者你可以坦诚地告诉对方，你回应的方式与他们关系不大，更多的是与你过去的经历有关。

解密核心信念

铭记在心

正是对恐惧的探究，让我们变得无所畏惧，这难道不令人感到非常讽刺吗？正如对愤怒的探索教导我们去爱，对无知的探索带给我们智慧。我们通过了解失去爱的感觉来学会爱，通过审视不善良对我们身心的影响来学会善良。

——斯蒂芬・莱文
（Stephen Levine）
和昂德里亚・莱文
（Ondrea Levine）

习惯和选择

在刺激和反应之间，有一个空间。这个空间里存在着我们选择回应的力量。我们的回应决定了我们的成长和自由。

——维克多·弗兰克尔

(Viktor Frankl)

核心信念是我们习惯的思维方式。随着时间的推移，基于这些信念所做的选择，变成我们对生活无意识的、习惯性的反应方式。当我们逐渐看到这些思维方式和惯性反应模式在自己生活中普遍存在时，我们可能会认为自己无力改变它们。我们可能会认为，由于我们过往的经历或外部环境，我们别无选择，只能这样思考和行动。我们失去对生活的掌控感的其中一个根本原因是，我们相信自己别无选择，只能按照习惯性的方式行事。今天的练习就是为了了解这一点。当我们了解并为我们是如何让自己受苦负起责任时，我们也会重新发现我们的力量，做出新的选择，这些选择可能会更好地服务于现在的我们。今天，我们邀请你重获自己的力量。

看看日志里到目前为止在安居旅程中探索过的一些想法和信念，例如自我同理日志里的练习或本周早些时候的探索核心信念练习。深吸一口气，把重读它们时产生的紧张情绪呼出来。

现在，从你的其中一个想法清单中，选择一个反映了你认为别无选择、不可避免或缺乏改变的可能性的想法。

例如，你可能会选择"我没有时间放松"或"我太软弱"的想法。

大声读出你选择的想法。呼吸，然后看看你的需要轮。这个特定的想法表达了你的什么需要？把这些需要写在想法旁边。

例如，在"我没有时间放松"旁边，你可能会写"休息"和"放松"。

用几分钟时间只是呼吸，然后对自己大声而缓速地重复读出这些需要，在每个需要之间停顿，并体会它们在你身体里的感觉。给自己足够的空间享受这种感觉。呼吸并释放任何必须进入下一步或达到某个目标的焦虑。

再看一看你选择的想法。反思一下你一直在选择哪些行动来延续这种想法，以及这些行动背后的需要是什么。

现在，在日志里写下"我选择"，并指出这些想法如何在你一直选择的行为中持续出现。

接下来写上"因为它有助于我满足 ＿＿＿＿ 的需要"，然后填上这些行为背后的需要。

例如，在了解你的需要之后，你可能会把"我没有时间放松"改写成"我选择每天花大部分时间来处理与工作相关的任务，因为这有助于满足我对秩序、安全、意义和贡献的需要。"

或者你可以把"我太软弱了"改写成"我有时选择封闭自己，而不是试图'坚强'，因为这满足了我对爱和慈悲的需要"以及"我选择担心自己'软弱'，因为这满足了我对安全感和接纳的需要。"

再花1分钟时间大声朗读你改写过的句子，并留意自己的感受。

再一次，给自己足够的空间来享受这种感觉。

如果你有时间和兴趣，再看一下清单，练习另一种想法。

 小贴士：如果难以确定你在生活中如何选择一个行为，以及它满足了什么需要，考虑一下这个选择是否在满足安全感或归属感的需要。例如，你可能选择在工作中做一些你通常不会选择做的事情，因为你需要工作的薪水带来的安全感。或者，你可能会选择在公共场合做出你在家里不会做出的某些行为，因为符合社会期望可以带来你需要的安全感和归属感。

 即时练习：当你注意到自己在思考或说一些暗示你别无选择的事情时，停下来，深呼吸。反思一下，你选择了什么行为，让你一直都认为无法选择。看看需要轮。想想为什么你总是选择这些行为。它们试图满足什么需要？花一些时间确认你的选择，以及这些选择背后的需要。

 深化练习：当你注意自己在思考或说一些暗示自己没有选择的事情时，让它提醒你呼吸，有意识地为正在做的选择负起责任，就像上面的即时练习一样，把这作为一种日常的正念练习。对自己承诺，只要有可能，就要承认自己也是自身体验的"因"，而不只是把自己看成自己思维方式的受害者，不要认为自己永远都是过往经历的囚徒。

习惯和选择

铭记在心

我们总是有选择。我们不会做任何未经选择的事情。我们选择的行为是为了满足一个需要。非暴力沟通非常重要的一点就是时刻意识到我们是有选择的，那一刻我们选择了自己的行为，我们不会做任何不是自己选择的事情。更重要的是，我们做出的每一个选择都是为了满足需要。这就是非暴力沟通在我们内心的运作方式。

——马歇尔·卢森堡

（Marshall Rosenberg）

请　求

如果想在令人痛苦的黑暗森林中找到新的道路，我们需要解放思想。面对困难时，我们需要尝试和嬉戏，无论这看起来多么自相矛盾。

——米拉贝·布什

（Mirabai Bush）

以习惯的方式冲动行事，也可以被看作是我们为了满足需要的一种请求，它像是我们对自己的一份邀请——"你愿意这样做，是因为这真的有助于满足你的需要？"使用本周的习惯与选择练习中的一个例子，问自己："我愿意把今天大部分时间花在工作上，是因为这真的有助于满足我对安全感的需要？"然后，我们可以选择是否答应这个请求。像习惯和选择练习支持我们的那样，意识到我们是自己行为的主人可以让我们认识到我们的习惯实际上只是一种请求，我们有能力对它们说"行"或"不行"。了解我们的习惯想要为哪些需要服务，能帮助我们决定继续对哪些习惯性的请求说"行"。

我们也可以选择提出新的请求，邀请自己采取不一样的行为，这或许能更好地满足我们意识到的需要。例如，在上面的情况下，我们可能会决定请求自己采取一个既可以满足安全感又能满足休息的策略，而不只是以牺牲休息为代价来满足安全感。所以，我们可能会问自己："我是否愿意中午之前做工作相关的事情，然后下午小睡一会儿，因为这既能顾及安全感也能照顾到休息？"

请求是"离开坐垫"去实践我们在练习中的发现。我们已经练习过倾听我们的习惯、信念、想法和感受所表达的需要。今日,我们将练习在生活中采取行动来响应这些需要。这就是非暴力沟通的"请求,也是一份邀请——为了满足需要而采取具体的行动",而不是命令。

今日……

看着需要轮,慢慢地转动它。在这一刻,哪一个或哪几个需要吸引了你的眼球,让你感觉与之有鲜活的联结?

花 1~2 分钟时间体会每一个需要,感受它们如何触动你,对你意味着什么。带着这些感受和身体感觉呼吸。

现在,你可以采取什么简单的行动来满足其中的某个需要呢?从小事做起(例如,今天早上选择在洒满阳光的户外喝咖啡,而不是在去上班的公交车上喝咖啡,以满足对"美"的需要)。思考你能马上做的事情,这样你就能快速把这份礼物送给自己。

现在就采取行动,来滋养你的某个需要吧。

之后,花点时间认可并感激你对自己的付出。

今天晚些时候,再做一次这个练习。你想重复多少次就重复多少次!

深化练习:当你"向自己提出请求"的练习有所进展,留意你是否无法坚持某些特定的请求。对于这些请求,考虑它们:

🍂 可行吗?有时候,我们总想一次承担太多事情。试着提出一个更小的行动请求。例如,如果你经常因为太累而不想"下班后去上瑜伽课",那就把这个请求简化为"马上做 8 分钟瑜伽",这可能是你能够做到的事情。

- 够具体明确吗？有时候，我们的请求太模糊。例如，"对自己更慈悲一点"就不是具体明确的，而"下班后花5分钟想一想对自己有哪些感激，并认可自己对公司和家庭做出的贡献"是具体明确的。指出一个时间范围（比如"5分钟"）会有所帮助。

- 是否指向做什么，而不是不做什么？例如，"不要评判自己"是在告诉自己不想要什么，但是它没有提供任何要做什么的指导。如果我把这个请求变成"做"而不是"不做"，它可能会是这样的："今日，如果发现在评判自己，我就花1分钟时间呼吸，与和它相关的需要联结。"

第 6 周

小组练习：清理未竟事宜

伙伴练习：理解、接纳和归属感

个人练习：看见礼物、宽恕与和解、宽恕冥想

第 6 周 · 小组练习

清理未竟事宜

清理未竟事宜

即使过了这么久，

太阳也不曾对地球说"你欠我的"。

看看这样的爱会带来什么，

它照亮了整个天空。

——哈菲兹

（Hāfez）

［译自丹尼尔·拉德金（Daniel Ladinsky）的英文译文］

所有参与者准备：

🍃 带上《安居 12 周正念练习》和日志本。

小组带领者需要准备：

🍃 在小组练习前一两日，提醒大家聚会的日期、具体时间和地点。

🍃 阅读"带领小组练习：小组带领人指南"的内容（14 页），并查看其中各项"带领人职责"。

🍃 带一个"发言棒"（一根棍子、一块石头，或其他方便用一只手握着的其他物体）。阅读"圆圈会议"练习（167 页），看看如何使用它。

🍃 在圆圈的中央摆放需要卡，摆成放射状的曼陀罗形状或螺旋形状。

邀请每个人坐在围成一圈的椅子上。

敲一次铃铛示意静坐冥想开始。

安静片刻后，向大家宣读以下练习指南。用让大家感觉放松的方式朗读练习指南，在段落之间留出足够的停顿，并安静地呼吸：

> 在你坐着的地方——地板、椅子或垫子上，安稳地坐好。体会大地对身体的支持。
>
> 双目低垂或把眼睛闭上。
>
> 深吸一口气，让肺部充满空气。呼气，让腹部变柔软。只是呼吸，让腹部随着每次呼气更加柔软。

让大家安静几分钟，然后宣读：

> 当安居之旅进行到一半的时候，我们会唤醒内心"清理未竟事宜"的感觉。我们承认自己已经向他人和自己敞开了心扉。在这种敞开之中，我们也觉察到，心灵周围还围着更多的盔甲，保护着珍贵的需要。我们仍然在制造裂痕，远离我们真正想要的生活。清理未竟事宜是觉察当下的状态，把未来带到眼前。清理未竟事宜是让那些想被听到的话语表达出来，倾听那些渴望被我们听到的人，并给予宽恕，将所有的保护和盔甲转化为接纳、理解和归属感。

再静坐 3 分钟，然后敲三次铃铛以结束冥想。

向别人鞠躬表示感谢。

把带来的发言棒拿在手里，向大家宣读以下练习指南：

> 安居旅程走到一半的时候，我们可能发现自己需要与社群和自己重建联结。几周过去了，开启安居时的兴奋可能已经消退，但旅程还远未结束。就像出生和死亡一样，开始和结束创造了一种高度的存在感，并赋予练习能量。在这两者之间，我们有时需要支持，以记得自己为什么在这里，也就是我们参加安居的目的。
>
> 今日，我们会花一些时间和坐在圆圈里的人分享安居对自己的影响。在圆圈会议中，我们会把这个发言棒沿着圈子传递，以表示我们将注意力放在谁身上。

给大家看看你带来的发言棒，然后继续宣读：

> 我们处在当下，全程安静地倾听发言者。我们不评论或回应，也不考虑轮到我们发言时要说什么。我们为每位发言者抱持同理倾听的空间。当轮到我们发言时，我们不会提及其他人的分享。相反，我们仅说出自己的体验和想法。
>
> 我们将进行一轮分享。主题是："你的安居之旅进展如何？是否活出了你的安居目的？"在这个时刻，你可以自由地分享任何与此主题相关、心中鲜活的庆祝、哀悼、学习和挑战。从第一个发言的人开始，然后，把发言棒传给左边的人，由那个人分享。继续进行，直到发言棒传回给第一位发言者。
>
> 我们都留意发言的时间，这样就能保证有时间倾听每个人的声音，

167

并在之后进行下一项活动。同时，尊重你自己的声音，给它所需要的表达空间。

查看是否有人对圆圈会议不清楚，需要再听一遍说明。一旦每个人都清楚了，邀请大家一起呼吸，让他们全心全意地处在这个圆圈里。宣读：

你的安居之旅进展得怎么样？是否活出了你的安居目的？现在谁想就这个主题发言？

把发言棒递给那个人，开始一轮分享。

当发言棒绕了一圈回到第一位分享人手中时，你拿起发言棒，邀请大家一起呼吸。

把发言棒放在圆圈中央。

介绍清理未竟事宜

向大家宣读以下内容：

从大多数定义来看，未竟事宜都涉及某种形式的谈判和交换。我们经常以"用这个交换那个"的方式处理人际关系。如果你听我的，我也会听你的。如果我给你什么，那么我希望你也给我一些东西。爱会变得更像是我们交易的商品，而不是一种表达生命的需要。

每个人都会在生命的某个时刻面临死亡，这是不可避免的事实。实际上，当我们出生时，我们就与死亡订下了契约。有时候，直到我们真正意识到自己的生命或者我们所爱之人的生命即将结束时，我们才会用体贴和爱对待自己或者对方。在这样的关系中，我们会达到真正想要的状态——爱、关心、理解和慈悲。

当我们说"清理未竟事宜"时，我们表达了一种有意识的觉察——即生命都有尽头，我们希望用爱和理解处理关系。清理未竟事宜是把处在当下的品质带入关系的一门艺术。我们深思熟虑地说每一句话、采取每一个行动，因为这都有可能是我们与所爱之人最后一次联结的机会。这种接纳带着一种珍贵的理解，即我们的每一次互动都会完成我们的命运，去到我们的目的地，也就是生命本身。

练习清理未竟事宜

邀请大家组成两人一组，并面对面坐着。
向大家宣读：

> 想象一下，这是你生命的最后一天。与对方分享在想象它时产生的瞬间感受。

留出 1~2 分钟的时间让两人分享，然后宣读：

> 现在回想一个和你之间有"未竟事宜"的人，你想确保在离开人世前，和他清理一切事宜。

给每个人 1 分钟的时间反思，然后宣读：

> 现在，和你的伙伴轮流扮演最想与之清理未竟事宜的那个人。
> 花点时间决定谁先进行练习。

停顿片刻，让两个人决定一下，然后宣读：

> 先做练习的人告诉搭档，在生命的最后一天，你想和谁一起清理未竟事宜。简单地告诉你的搭档这个人的名字以及他是你的什么人。你的搭档会角色扮演这个人。

给两个人 1 分钟的时间交流，然后宣读：

> 现在，把你的搭档当作这个人，和他说话。和他分享你想让他听到的。清理未竟事宜。表达你内心的想法——恐惧、喜悦、怀疑、愤怒、期待、宽慰、遗憾——不管心里有什么。给自己一点自由的时间，和这个人一起清理你一直渴望结束的未竟事宜。
>
> 扮演那个角色的伙伴，只是用同理倾听和同理反馈来接收一切。不带评判地接收对方的话，也不要试图"把这个进程再向前推进一步"。只是说出代表需要的词汇，向对方反馈你在他们的表达中所体会的需要。
>
> 让对话一直进行，直到结束。然后花一点时间一起呼吸，分享你在练习中的收获。
>
> 然后，互换角色再次开始。刚才扮演角色的伙伴现在成为想要清理未竟事宜的那个人，而完成了清理未竟事宜的那个人，现在通过角色扮演来帮助对方。

查看是否有人对练习说明不清楚，需要再听一遍说明。一旦每个人都明白了，邀请大家一起呼吸，并和练习伙伴一起处在当下。

留意时间。留出 10 分钟来"收获"和"结束"。当练习时间进行到一半时，让每个人知道。如果他们还没互换角色，提醒他们一下，这样双方都有机会清理未竟事宜。

当轮到"收获"的时候，敲铃，并邀请每个人感谢他们的搭档，然后重新围成一个圈。

收获

邀请受触动的人分享他们的触动、觉得有挑战的地方、学到了什么，或者他们在今天小组练习中的发现。

最后，感激大家的分享和练习。

结束

请一名志愿者下周带领小组。给他一套需要卡。

提醒志愿者在下次聚会前阅读"带领小组练习：小组带领人指南"（14页）和"第7周·小组练习"（190页）。

邀请大家一起做一次深呼吸。

请每个人从圆圈中央选择一张需要卡，描述他们在第6周小组练习中的收获。

邀请每个人和大家分享他们的需要。从你左边的人开始，卡片正面朝外，让每个人都能看到。沿着圆圈顺时针进行，直到包括你在内的每个人都完成分享。

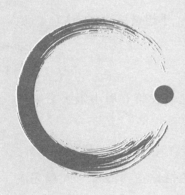

第 6 周 · 伙伴练习

理解、接纳和归属感

理解、接纳和归属感

在对与错之外，有一片田野。我会在那里等你。

当灵魂躺在那片草地上，世界丰盈得无法诉说。

观念、语言，甚至"彼此"这个词，都失去了意义。

——贾拉鲁丁·鲁米

（Jelaluddin Rumi）

［译自科勒曼·巴克斯（Coleman Barks）的英文译文］

开场冥想

问候你的伙伴。

决定谁宣读"铭记在心"，谁为一起静坐计时。

阅读的伙伴宣读：

> 宽恕，邀请我们明白理解、接纳和归属感。它让我们在内心深处与自己、他人、甚至是我们认为不可能改变的信念结盟。它提供机会让我们重写过去、现在和未来的故事，并且另辟蹊径，让我们可以与那些我们认为也许永远无法和平共处之人和解。宽恕，会释放能量，重建联结和修复关系，尤其是自我关系。

仅仅是听到"宽恕"这个词，我们都有可能立刻产生抵触情绪。内心可能会说："但是他们做的事是不可原谅的！"或者"但是我又没做错什么，为什么我要原谅自己？"宽恕，与做错或做对无关。宽恕，邀请我们进入鲁米的田野，超越自己的想法，在那里，我们可以躺下来，感受这个世界的完美，这美好的生命终有一日会结束。

　　而且，当我们的生命即将结束时，宽恕问我们，我们最后的呼吸是否会吸入接纳、归属感和理解？还是会坚持己见，被未竟事宜压得喘不过气来？

坐在一起冥想 10 分钟。

当 10 分钟过去时，计时的人示意对方时间到了。

最后，鞠躬感谢你的搭档和你一起坐着。

理解、接纳和归属感

决定谁是甲，谁是乙。

甲缓速宣读以下内容：

　　今天，我们将轮流问对方一些有关理解、接纳和归属感的开放式问题。当轮到我们回答时，我们可以自由地分享心里想到的任何内容。这是一次全面的探索，花时间去探索被问到的这个词对我们来说意味着什么。它是如何在我们身体里存在的？我们有哪些与之相关的身体感觉和感受？当我们独自一人，与另一个人在一起，或在一群人中，我们与它有什么样的关系？它得到满足和未得到满足时，是什么感受？或者关于这个问题，还有其他想说的吗？如果我们发现自己越来越在左思右想该说什么（例如，琢磨这是否是一个"好"的回答，我们是否说得太多还是太少，甚至判断我们的回答是否对练习伙伴有意义），只是注意到它，呼吸，然后带着任何对这个问题的回答回到当下。我们允许内心出现任何声音。

当轮到我们倾听时，全心全意地处在当下，安静地倾听。如果我们发现自己陷入想法之中（例如，分析、评判、比较、疑问或想我们自己的故事），只需留意、呼吸，然后重新与我们的伙伴处在当下。对于我们所听到的，我们无须回应或确认。对于内心出现的任何对问题的回答，我们都允许它们有被倾听的空间。

花点时间互相确认，是否都理解了上述关于倾听和回答的指南。如果需要的话，你们可以再大声读一遍。

一旦双方都理解了，把你们的临在带到练习中：

1. 甲问乙："什么是理解？"

2. 乙回答，甲倾听。当乙结束回答时，呼吸一次，问甲："什么是理解？"

3. 甲回答，乙倾听。当甲结束回答时，呼吸一次，问乙："什么是接纳？"

4. 乙回答，甲倾听。当乙结束回答时，呼吸一次，问甲："什么是接纳？"

5. 甲回答，乙倾听。当甲结束回答时，呼吸一次，问乙："什么是归属感？"

6. 乙回答，甲倾听。当乙结束回答时，呼吸一次，问甲："什么是归属感？"

7. 甲回答，乙倾听。当甲结束回答时，呼吸一次，告诉对方练习结束。

8. 一起做三次充分的深呼吸。

结束与收获

分享你们在一起练习时的洞察、学习、发现，以及对在一起进行练习的感激。

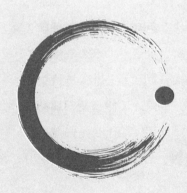

第6周·个人练习

看见礼物、宽恕与和解、宽恕冥想

看见礼物

理解别人就是理解自己，理解自己就是理解别人。一切都要从自己开始。

——释一行

（Thich Nhat Hanh）

通过核心信念和自我同理的练习，我们开始看到：我们所有的想法、感受和行为都是在表达为生命服务的需要，即使是那些会造成伤害的想法和行为也不例外。非暴力沟通创始人马歇尔·卢森堡将后者称为"对未满足的需要的悲剧性、自杀式的表达"，他还戏谑地说，这是"裹在大便里的礼物"。宽恕的根本在于认识到并理解这一真相。我们要在每一种表达里都看到背后的礼物——服务于生命的渴望，同时，我们也能充分意识到这些表达方式对自己和他人的影响。

今日……

随身携带一份"需要轮"（或者复印一份附录中的"需要轮"）。今日把它拿出来看两三次，再看看你周围的人。默默地猜测你看到的每个人都在表达什么需要。不要想太多，看看需要轮中的哪些需要吸引了你的眼球。甚至可以试着猜猜沉默不语的人在表达什么需要——看一看他们的身体姿势和动作。

花一些时间去真正体会这些需要的能量，体会它们在你身体里的感觉，而不只是在智力上猜测它们。例如，如果你猜测某人因需要接纳而感到痛苦，那么花点时间与你体内感受到的接纳的能量联结。

关注这些人的需要会让你对他们的看法产生什么影响？

也在自己身上试一下。今日拿出"需要轮"两三次，反思在当下时刻你最看重的需要是什么，再一次真正联结到那些需要在身体里的能量。呼吸。闭上眼睛，体会它们对你的意义。

这样做会如何改变你对自己的想法、行为或语言的看法？

看见礼物

铭记在心

真正倾听一个人还有另一种特有的满足感：我们就像在聆听天籁般的音乐，因为除了这个人当下传递的即时讯息，不论他在说什么，都蕴含人类的共通性。在我听到过的所有沟通中，似乎都隐藏着有序的心理法则，它和我们在整个宇宙中发现的规律是一样的。因此，倾听他人既有听到这个人的满足感，也有感觉自己接触到普遍真理的满足感。

——卡尔·罗杰斯

（Carl Rogers）

宽恕与和解

有时候，练习初期的突破并不能带来平静或一丁点儿的疗愈。事实上，人们有时候会看起来更糟糕，自己也感觉更糟糕，但他们同时更完整了。他们允许自身被压抑和被摒弃的部分显露出来，最终得到这部分对自身生命的服务。

——斯蒂芬·莱文

（Stephen Levine）

加入安居之旅，走这条修习之路，我们都表达了对自己和他人进一步敞开心扉的某种渴望。通过与身体和呼吸联结，练习看到我们的行为、语言和想法背后的需要，甚至是那些刺激我们的人的需要；承认我们的局限性，并向头脑无法想象的、更伟大的事物敞开心扉，我们正在拓展我们的理解以及与自己和他人处在当下的能力。

现在，安居旅程已走到一半，是清点遗留的东西的好时机。我们还想向什么敞开心扉？在安居之旅中，我们有时用"宽恕"这个词来形容敞开心扉去爱那些我们很难去爱的想法、语言和行为。对我们来说，宽恕并不意味着指责某人，或者认为某人做了"错误的"事情，也不意味着被动地接受伤害我们的语言或行为。宽恕，正如我们在这里所说的，意味着能够承认、爱和同理倾听想法、语言或行为背后的需要，虽然我们不一定认同这些想法、语言或行为。最终，它意味着深刻地看到我们自己和他人的人性。

需要做的事情很多。所以，今天我们只是说明接下来要做的工作。

坐下来几分钟，与身体和呼吸同在，当我们陷入各种想法时，温柔地提醒自己回到当下。

之后，在你的日志中画上两栏，其中的一栏标题为"宽恕自己"，另一栏为"宽恕他人"。花些时间反思一下你目前的生活，你想要原谅自己的哪些信念/习惯/举止/语言/行动。把这些内容写在"宽恕自己"一栏下面。即使是那些你还不能原谅自己的事情也包括在内。这些只是我们的希望，想要某天能解脱。

例如，你列出的一部分可能像这样：

宽恕自己

● 健忘，尤其是忘记一些对我所爱的人来说很重要的事情。

● 有一次，因为我想试图获得其他同伴的认可，我忽略了一位非常支持我的朋友。

● 我对待我的狗时，总是很暴躁。

● 我的信念是"我不够"。

● 我经常在电脑前工作，没有养成锻炼身体的习惯。

现在，思考一下除了自己以外，你还想原谅谁，把他们的名字写在"宽恕别人"下面。同时写出你想要原谅的人的言行。同样，确保把那些你还不能原谅的人都写出来。我们在设定意图，指明我们拥有的希望。

做几次深呼吸。随着每一次呼气，体会慈悲、爱和接纳的能量，并把它们带到你当下的生命中。如果很难和那种能量联结，那就再花1~2分钟默默地对自己说："愿我从苦中解脱。愿所有和我有交往的人，从苦中解脱。愿所有有情感的生命体从苦中解脱。愿所有生命解脱。"如果这些话和你想要宽恕的人与事不匹配，那么，请自行想出带着充满爱意的善良意图的话语来替代。

最后，花点时间来感激自己宽恕的愿望。庆祝一下你今天愿意给它能量和空间。温和地接纳残余的不甘和伤害。

今天，温和地呼吸，轻轻地走路。

宽恕与和解

铭记在心

与我们的敌人或我们所爱的人和解，并不是假装事情不是已然发生的样子。真正的和解暴露了不快、虐待、伤害和真相。有时，和解甚至会让事情变得更糟。这是一项冒险的工作，但却是值得的，因为最终只有诚实地面对现实，才能带来真正的疗愈。表面的和解只能带来表面的疗愈。

——德斯蒙德·图图

（Desmond Tutu）

宽恕冥想

作为战争的后代，宽恕只是意味着我们希望成为和平之人。他们说，如果你不宽恕，你会成为压迫者。我们必须记住，我们不想成为伤害我们的人的模样。

——莱拉·琼·约翰斯顿

（Lyla June Johnston）

就像很多其他练习一样，宽恕也要通过反复练习来增进它给我们内心带来的力量。我们可能会发现，自己需要多次练习宽恕同一件事情，每次练习都让我们在不同程度上了解对自己生命的理解、接纳和归属感。

释一行说："如果我们的心仍攀缘在某些东西上，比如愤怒、焦虑或财产，我们就无法获得自由。"宽恕带来的理解、接纳和归属感才是自由真正的含义。我们变得自由，完全与自己和他人处在当下，而不被往事羁绊。我们可以自由选择自己想要的生活方式，而不用担心未来。

今日……

让身心安定下来。

做三次深呼吸，让腹部柔软下来。

在脑海中想象刺激出自己的一个核心信念的某个人。如果你是第一次做这个冥想练习，我们推荐选择对你来说有轻度或中等情感分量的那些，也就是说，某人没有对你造成巨大的影响。

留意身体的感觉。

留意某件事情当中，激发这个核心信念的"他人"。留意一下，你可能如何把他从你的心里赶出去的。

只是在你的脑海里感觉他。体会一下，对于激发这个核心信念的人，你有什么看法。

现在，温柔地，就像一次真实的实验，邀请那个人进入你的内心。感觉他靠近你的心灵。留意那些阻挡他靠近的东西，例如：恐惧、愤怒、羞愧、内疚、安全感、信任。留意那些阻碍激发你核心信念的这个人进入你内心的品质。

现在，就在此刻，让他穿越这些障碍。让他进入你的心灵。留意在这个"他人"的内心，可能有什么是鲜活的？是联结的渴望吗？想要被理解？想要归属感？任何可能鲜活的东西……只是在这一刻，让他进入你的心灵。

在心里对他说："我接纳你，如你所是。""我接纳你。""我原谅你激发我核心信念的行为。"

把一个人阻隔在心门之外是很痛苦的。在这一刻，让他回到我们的心灵里。在心里默默地说："我原谅你。"

竖起一道密不透风的心墙，不让他进入我们的心扉，是多么的痛苦。只是暂时给出空间，让他和他的人性在你心里停留，这其中可能有意或无意地混入了你对自己的核心信念。

只是接纳他。爱他。

现在，让他离开。现在，送他离开你心里。也许用你自己的方式，送上祝福。

"呼——"，吐出一口气，呼吸。更加安稳地坐着。

再次与你的核心信念联结。

在脑海中默念一遍。

留意身体有什么部位活跃起来？靠近那个地方。有什么出现？是什么画面？与身体的这个部位保持联结，只是允许这些画面流经脑海。温柔地看着这些画面，直到你在脑海中看到自己，也许是在这个核心信念第一次出现的年龄……或者可能是在某个年龄，当这个核心信念在你的信念系统里扎根的时候。

看到脑海中那个年龄的自己。

现在，温柔地，欢迎那个年龄的你进入你的心扉。

转向内心的自己。带着怜悯。为了保护感，为了安全感，你带着这个核心信念已经很久了。为了寻求归属感，寻求接纳，寻求爱，你带着这个信念这么久了。

转向内心的自己，对自己说："我接纳你，如你所是。""我原谅你对自己抱有这样的信念，原谅你这么久的时间都抱着这样的信念。"

把自己阻隔在心门之外是很痛苦的。

默默地对自己说："我原谅你。"带着怜悯。如果你的理智想尝试阻止你原谅、理解它，触碰想要保护你的它。带着怜悯。

叫自己的名字，对自己说："我原谅你。""我接纳你。"

竖起一道密不透风的心墙，不让自己进入自己的心扉，是多么的痛苦。

只是暂时给出空间，让你和你的人性在你心里停留。

只是接纳。只是爱。

让你的想法、你的身体、你的心灵充满对自己的仁慈。对每个人来说，他们也只想摆脱自己的痛苦，获得安宁。

让这份爱播散出去，给予所有你爱的人，让他们也能在仁慈和爱里原谅自己。

把这份仁慈给予所有生命，所有心灵。让你的仁慈碰触所有有情感的生命的需要。

愿人们摆脱痛苦。

愿所有的生命全然活在他们真实的存在、喜悦、关爱中。

愿人们平安。

 小贴士：有意识地选择你想要在冥想中练习的情感分量。也就是说，有时候，你可能会选择一个你认为情感分量很小、但却意外地在你冥想时给你带来很重的情感分量，回忆起一个对你影响很大的人或事。如果出现这种情况，可以考虑以下一种或所有方法：以新的情感分量重新做一遍冥想；打电话给你的安居伙伴，让他们处在当下同理倾听你，支持你进行练习；或者联系一个了解创伤的专业人士，他们可以支持你深入处理发生的事情。

 引导音频：扫描本书勒口处的二维码，免费获取引导音频。你也可以大声朗读练习指南并录下来，作为自己的冥想引导音频。如果录制自己的引导音频，记得放慢语速，在段落之间留出足够的停顿时间，方便日后听的时候能跟得上引导词。

第 7 周

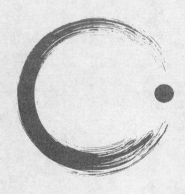

第 7 周 · 小组练习

宽恕

宽　恕

真正的宽恕，不会以任何肤浅的方式掩盖真实发生的事情。宽恕不是误导我们尽力压抑或忽视我们的痛苦。真正的宽恕不能操之过急。我们在心中不断反复重复，层层深入地宽恕。它尊重悲伤和背叛，并在它觉得时机成熟时，成为真正宽恕后的自由。

——杰克·康菲尔德

（Jack Kornfield）

小组带领人准备：

- 在小组练习前一两日，提醒大家聚会的日期、具体时间和地点。
- 阅读"带领小组练习：小组带领人指南"的内容（14 页），并查看其中各项"带领人职责"。
- 在圆圈的中央摆放需要卡，摆成放射状的曼陀罗形状或螺旋形状。

开场冥想

邀请每个人围站成一个圆圈。

敲一次铃，表示站立冥想开始。

沉默片刻后，向大家宣读下面的练习指南。用让大家感觉放松的方式朗读练习指南，在句子之间留出足够的停顿，并安静地呼吸：

> 我们今天站着冥想。在站立期间，如果觉得身体疼痛，欢迎你坐下来继续冥想。
>
> 双脚分开，与胯部同宽，前后轻轻地晃动身体，找到身体重量均匀地落在双脚上的站姿，而不是把身体重量放在脚跟或脚趾上。
>
> 轻轻地将你的头顶向上拉伸，下颌微收，脊柱放松，挺直。
>
> 呼吸，向后转动肩膀，放松，双臂放松地垂放在身体两侧。
>
> 让你的额头、眼睛和下巴松弛下来。
>
> 做几次深呼吸。呼气时，轻轻地从头到脚把身体里残留的紧张释放到地面。

安静地站1分钟，然后宣读：

> 觉知吸气和呼气以及身体的感觉，让身心在大地的支持下安定下来。

安静地站1分钟，然后宣读：

> 把觉知扩展到你的身体背面。感受头部、颈部和脊柱后的空间。感受你与过去的联系。你的祖先赋予你天赋的同时，也带给你一些负重。在生命之旅中，你带着自己的力量，还有负重。现在，只是呼吸和感受它。

安静地站1分钟，然后宣读：

> 轻轻地呼出那里的紧张，让它顺着双脚进入地面。让大地接受它，成为土地的养分。

安静地呼吸几次，然后宣读：

> 把觉知扩展到你的身体正面。感受头部、胸部和腹部前方的空间。感受你与未来的联系。你的生命影响着你的后代。你既能为他们贡献天赋，也能将未解决的负担传给他。现在，呼吸并感受它。

安静地站1分钟，然后宣读：

> 轻轻地呼出那里的紧张，让它顺着双脚进入地面。让大地接受它，成为养分，培育新的肥沃土壤。

安静地站着呼吸几次，然后宣读：

> 把觉知扩展到身体前方和后方的空间。用眼睛的余光感受你肩膀以外的空间。感受与所有和你同在这个地球上的人的联结，与你的家庭和社群的联结，与现在和你一起站在这个圆圈里的人，那些用他们的临在支持你的人、你用你的临在支持的人的联结。现在，呼吸并感受它。

安静地站1分钟，然后宣读：

> 这是一个非暴力战士的立场。与天空、呼吸和大地相连。
>
> 有尊严地站着，与所有过去、现在和未来的生命相联结，不躲藏、不逃避、不对抗。
>
> 只是对它保持清醒，并让它成为我们的家。

再一起安静地站1分钟，然后敲三次铃铛结束冥想。

向别人鞠躬表示感谢。

签到

向大家宣读：

> 今天，我们将继续探索宽恕。对很多人来说，宽恕是带有文化和宗教含义的话题。作为一种练习，它也伴随着很多浮现出来的情绪。今天，让我们先简单地说一说到现在为止，在安居之旅中对宽恕的探索到了什么地步，然后继续探索。练习过程中出现了什么？开始宽恕或无法宽恕让你有什么体会？对出现的宽恕有什么新的理解或联结？

邀请任何受到触动的人与大家分享他们对上述问题的回答。

留意时间。为后面的其他活动留出至少 45 分钟，在小组进入下一个活动的前几分钟，让他们知道分享的时间还剩几分钟。

介绍宽恕

向小组成员宣读（或邀请其他人轮流宣读一个或多个段落）：

> 宽恕，以一种让我们从痛苦中解脱的方式整合我们的经历。它让我们得以放下可能背负的任何怨恨或憎恨的负担。这让我们认识到，我们放不下是因为恐惧——害怕过去会重演，害怕伤害会继续，害怕痛苦会持续。
>
> 宽恕，就是从恐惧中解脱。一旦碰触到接纳、理解、归属感，无论是宽恕粗鲁地对待我们的人，还是宽恕战争的制造者，我们都能从

痛苦中解脱。

靠近宽恕，也是尊重心灵的尊严和我们自己的尊严。它让我们回归爱的本源，提醒我们心怀慈悲，不愿伤害自己或他人。虽然我们可能永远无法原谅某种行为，但我们可以开始看到行为背后的需要，这样我们就可以重新看到"人"。虽然行为本身可能永远不可原谅，但人总是可以被原谅的。

宽恕不是允许不可原谅的行为继续下去，也不是为过去的行为找借口。举例来说，假如宽恕让你对当前自己和某人的关系产生了疑问，而你正在遭遇或做出会造成创伤的行为，那么在进一步探索宽恕之前，要先保证你和关系中的另一方拥有安全感。接下来，你也许联系一个值得信任的人、治疗师或团体，他们可以帮助你阻止这种行为，不让这种行为继续下去。在深入地进行内心探索之前，首先要让自己找到安全感。

当我们回顾过去时，我们会认识到，如果造成创伤的行为从未发生，我们的生活会是多么不同。我们也可以在一个安全的地方承认，这种行为已经停止了，现在最重要的是我们如何面对遗留的创伤。当我们练习宽恕时，我们对自己或他人的行为感到真正的遗憾。宽恕，让我们内心拥有找到平静的自由。即使我们经历过残暴的虐待，包括身体暴力和性暴力，但会摧毁我们生活的并不是行为本身，而是我们难以释怀的愤怒、恐惧和怨恨。我们可以选择如何面对已经发生的事情，继续我们的生活。我们能做的最大的转变就是理解需要，接纳行为者而非行为，并给予宽恕。这样，我们就有能力看到自己和他人内心的人性。

我们设计这些练习，是为了培养和保持我们内心的力量，转化仇恨和恐惧，让我们生活在和平、爱和宽恕之中。

问一下是否有人愿意分享他们听到这些宽恕的话语时，内心引发了什么反应。邀请受到触动的人发言。

宽想冥想

邀请每个人找到一个地方，坐在那里可以舒服地在较长时间里边听引导词边做冥想，让身心安定下来。

当每个人都坐好了，向大家宣读以下练习指南。以大家能够放松地聆听练习指南的方式朗读，在句子之间停顿，给大家安静地呼吸的时间：

做几次呼吸，让腹部柔软下来。现在只是给自己留一些空间。

想想你在练习过程中一直练习的核心信念之一。你经常告诉自己的一件事——

"我还不够。""我太敏感了。"

"时间永远不够用。""生活永远都是一场挣扎。"

"我总是错的。""我总是对的。"

不管你在过去几周的练习中注意到什么，这些想法总会不断出现。也许它的语言表述方式时有不同，但本质还是一样的。它仍然与这个核心信念有关。现在回想一下。

默默地说给自己听。在坐好之后做几次深呼吸。

只是在心里对自己说出来。

然后留意当你对自己说这句话的时候，你身体里的能量在哪里活跃起来。你的背疼吗？那个活跃的能量在你的膝盖上吗？它在哪里？它住在你身体的什么地方？它在哪里活跃？

体会身体的这些部位，有意识地呼吸，与那里联结。脑海里有什么画面？

与身体的这些部位保持联结，让所有这些画面像幻灯片一样从你的脑海中闪过。

196

温柔地看着这些画面，直到你在脑海中看见以前的自己，可能是在这个核心信念刚形成的时候，也可能是在这个核心信念在你心中扎根的时候，也可能是在你开始相信它是真的的时候。

只是留意并开始看到你自己。

在脑海中想象自己这个年龄的样子。

现在温柔地欢迎这个年龄的自己进入你的心里。

手牵手，让自己走进自己的内心。

靠近心中的自己。带着怜悯。这么长时间以来，你一直抱有这样的信念。长久以来，为了保护，为了安全感，我们一直抱持着这个信念。长久以来，抱持着这个信念，是为了寻找归属感，寻求接纳，寻找爱。

靠近内心的自己，对自己说："我接纳本来的你。"

靠近内心的自己，对自己说："我接受你对自己的这种看法。"

靠近内心的自己，对自己说："我原谅你背负这个信念这么久。"

把自己阻隔在心门之外是很痛苦的。

温柔地对自己说："我原谅你。"

带着怜悯。如果心灵想要阻止这样的宽恕，感谢心灵的保护，并理解它。带着怜悯。

叫自己的名字，说："我原谅你。"

叫自己的名字，说："我接纳你。"

竖起一道密不透风的心墙，不让你碰触自己的内心，是多么的痛苦。

现在，只需在你的内心深处留出空间，让你与自己的全部人性相遇。出于这些人性，我们可能因为相信这些信念是正确的，而有意无意地造成了伤害。你只需为自己留出这种空间就好。

对自己说："我原谅你。"

让你的身体，让你的心，充满对自己的仁慈。

把这份爱的仁慈给予所有你爱的人，让他们也能在仁慈和爱中宽恕自己。

把这份爱的仁慈播撒出去，给予那些你告诉自己很难去爱的人，这样他们也可以摆脱自己的痛苦，获得安宁。

让这份仁慈传递到一切生命体，所有的心灵。在这一刻，让你的仁慈触碰到所有有情感的生命体的需要。

愿所有生命都脱离苦难。

愿人们平安。

愿所有生命在爱中全然活出自己真实的目标。

再静坐 1~2 分钟，然后敲三次铃，示意冥想结束。

收获

邀请受到触动的人与大家分享触动他们的东西，或者他们在今天小组练习中的发现。

最后，感激大家的分享和练习。

结束

请一名志愿者下周带领小组。给他一套需要卡。

提醒志愿者在下次聚会前阅读"带领小组练习：小组带领人指南"（14 页）和"第 8 周·小组练习"（216 页）。

邀请大家共同做一次深呼吸。

请每个人从圆圈中央选择一张需要卡，说说他们在第 7 周小组练习中的收获。

邀请每个人分享他们的需要，从你左边的人开始，把他们的卡片正面朝外，让每个人都能看到。沿着圆圈顺时针进行，直到包括你在内的每个人都完成分享。

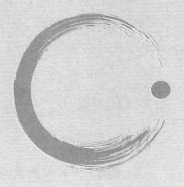

第 7 周 · 伙伴练习

感恩

感　恩

感恩开启完整的生活。它让我们拥有得更充盈，也更丰富。它把拒绝转为接纳，把混乱调为秩序，把困惑变得清晰。它可以把一顿便饭变成一场盛宴，让一座房子成为一个家，让一个陌生人成为一位朋友。感恩让我们的过去变得有意义，为今天带来和平，给明天创造愿景。

——梅洛迪·贝蒂

（Melody Beattie）

给予感恩

问候你的伙伴。

决定谁（甲）将阅读"铭记在心"，谁（乙）将阅读第一个冥想引导。

甲宣读以下内容：

宽恕可以转化怨恨、憎恨和恐惧，让我们在生活中拥有爱与平和；而感恩可以让我们维持生活中爱与平和的能量。当我们用正念之心触碰到此生给予和接受的东西时，我们开始发现，感恩是我们在庆祝或哀悼时自然展现的生命状态。

庆祝不仅仅是评价某件事或某个人"好"，感恩也不仅仅是赞扬他人。我们的正念和同理倾听练习帮助我们打破与他人产生隔阂的习惯，并与生命本身产生更深刻的联结。

暂停片刻，只是一起呼吸。

然后，乙缓速地大声宣读下面的冥想引导，并且在段落间停顿，让双方都能跟上引导：

深呼吸，让自己更加安住在此时此地。

做几次呼吸，扫描你的身体。

注意身体上的压力或紧张感，向它们所在的部位做几次呼吸。只需给它们多一点空间。

现在让自己与庆祝联结。

庆祝是一种需要，一种能量，一种内在的活力。留意它在你身体里的表现。注意它的质地、带给你的身体感觉，以及它是动态的还是静态的。

现在，让一个人的形象在你心里出现——一个为你的生活增光添彩的人，一个让你永远无比感激的人。回忆一下他和你的关系。回忆他在你生活中的样子。

回想你和这个人互动的一个特定时刻。他做了什么？说了什么？

当你回想那一刻时，你身体的感觉和感受是什么？

呼吸一次。把一只手放在腹部。有什么需要出现？这段回忆滋养了什么需要？在你生命的某个特定时刻有这个人存在，你的什么需要得到了滋养？

现在，花一点时间写下一个感激。写出对方具体做了什么，他的什么行为丰富了你的生命。写出对方的行为让你的哪些感受在当下鲜活了起来。写出具体哪些需要被滋养到了。

一旦你们都写好了感恩的话语，轮流读给对方听。只是读出你所写的：他做了什么、你的感受、得到滋养的需要。让出现的解释、抱怨或赞美随着呼吸离开。

接收感恩

甲缓速地大声宣读下面的冥想引导，并且在段落间停顿，让双方都能跟上引导：

> 深呼吸，让自己更加安住在此时此地。
>
> 让自己再次联结到庆祝。
>
> 庆祝。
>
> 想到一个人，你一直期待收到他的感激，你想听到他告诉你，非常感激你出现在他的生活里。
>
> 他和你是什么关系。回想他在你生活中的模样。
>
> 回想一下你和这个人互动的某个特定时刻。你做了什么想要得到认可的事情？你说了什么想让他听到的话？
>
> 猜测一下，当他听到或看到你的给予时，他鲜活的身体感觉和感受是什么？
>
> 深呼吸，把一只手放在自己的腹部。有什么需要出现？你认为他在与你的互动中有什么需要得到了满足？你认为在这个人生命中的特定时刻，你的存在滋养了他的什么需要？
>
> 花一点时间写下他对你的感激。写出你具体做了什么，什么行为丰富了他的生命。写出你猜测你的行为让他哪些感受在当下鲜活了起来。写出他的具体哪些需要被滋养到了。

把你写下的东西交给你的练习伙伴（如果你们是通过电话联系，也可以发邮件）。

简单说说这个人与你的关系——再一次，让出现的任何解释、抱怨或赞美随着呼吸离开。

两人轮流，大声向练习伙伴朗读他们想要听到的感恩。

当你听到感恩，真正地接收它。呼吸并允许自己收下它。

结束和收获

花一些时间分享你从这个练习中学到的东西。大声表达感激是什么感觉？接收感激的感觉如何？

用 3 分钟的静坐来完成你们的练习。

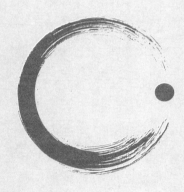

第 7 周 · 个人练习

感恩清单、分享感恩、庆祝与哀悼

感恩清单

这可能是我们的革命：
　　爱丰裕的，
　　也爱匮乏的。

　　　　　　　　　　——爱丽丝·沃克
　　　　　　　　　　（Alice Walker）

作为一种练习，感恩意味着与丰盈我们生命的事物同在。感恩让我们的喜悦与日俱增，让我们了解是什么滋养了我们，也让我们拥有面对困难的能力。感恩的底层，是一种存在状态，反映了我们与所有事物的合一。

今日……

反思生活中正在发生或最近发生的一些事情，它们激发了你的感恩。具体发生了什么触动你的事情？是你说了什么或做了什么，还是别人说了什么或做了什么？哪些需要被触碰到？

列一张感恩清单，列出 10 件你想要感恩的事情，说出每一件事情所滋养的需要。

例如：

感恩的事情	滋养的需要
我的身体感到舒适，没有痛苦	健康、支持、稳定感
与凯瑟琳在清晨阳光下的门廊上享受热茶	美、精神表达、空气
一位朋友打电话告诉我们他的哥哥去世了	哀悼、信任、同理倾听
清理小溪中的枝叶，看着溪水更欢快地流动	贡献、联结、尊重

如果你是一个安居小组的成员，与他们分享你列的清单。可以用很多不同的方式分享：发一封每个人都可以回复的电子邮件、在社交媒体上发帖子，每个人都可以在上面写下感恩的一张大海报，等等。

感恩清单

铭记在心

感恩最广为人知的秘密是，它不依赖外在环境。它就像我们可以随时切换到的一个设置或频道，无论周围发生了什么。它帮助我们联结到我们的基本权利，就像呼吸一样。

——乔安娜·梅西

（Joanna Macy）

分享感恩

感恩不仅仅是礼貌地说一句"谢谢你"。它是一根线，紧密地把我们与他人的肉体和灵魂联结在一起。我们的肉体与灵魂都是由归属感滋养的，归属感是生命最重要的食粮。感恩创造了丰盛感，知道我们拥有自身所需要的一切。在这种丰盈的氛围中，我们削弱了想得到更多的欲望，只取我们所需要的，以尊重给予者的慷慨。

——罗宾·沃尔·基默尔
（Robin Wall Kimmerer）

当我们向他人表达感恩，让他们知道他们具体为我们做出了什么贡献，触碰到我们的什么需要时，我们邀请的是一种比一句"谢谢"更为丰富、更有意义的联结。我们正在创造建立在喜悦、互相给予和感恩的基础上相互联结的世界。

今天的练习也可以作为一种正念练习：每当你发现自己想要表扬或赞美某人时，深呼吸，做这个练习。

当面感激某人对你生活的贡献。在你的感激里，包含：

- 他具体说了或做了什么对你生活有贡献的事情；
- 你对此的感受；
- 他的言语或行为为你的什么需要做出了贡献。

例如，"我想让你知道，当你每天打电话给我们，查看我们的文件，并提供建议，带我们完成法律程序时，我感到很安心。这对我信任、安全和内心平和的需要做出了贡献。"注意这个例子描述了一个人的感受（"安心"），另一个人具体做了什么（"每天给我们打电话""查看文件""提供建议"），以及这些行为对哪些需要（信任、安全、内心平和）做出了贡献。

分享感恩

铭记在心

如果我们真心诚意地说"谢谢你",就是在承认相互的归属感。我们承认,无论何时何地,我们都不可能送给自己这份礼物,只有别人才能给自己。培育这种对生命的感激之情,我们不仅是在培养对生命的信任和对惊喜的开放心态,我们还是在一次又一次地练习接纳自己在伟大的地球大家庭中的无限的归属感。它使我们扎根,让我们像在自己家里一样,给予我们莫大的"在家"的感觉。

——大卫·斯坦德 – 拉斯特

(David Steindl–Rast)

庆祝与哀悼

> 如果我们学会觉察感受而不执着于它或厌恶它，那么感受就能穿过我们身体，就像阴晴不定的天气变化一样。我们能自由地体会它们，并让它们像风一般继续向前。
>
> ——杰克·康菲尔德
> （Jack Kornfield）

练习正念和非暴力沟通使我们能够理解，每一个想法、每一种感受都是生命在当下的庆祝或哀悼。这样的理解可以让我们解脱，不再试图批判自己的想法是消极的，觉得它们妨碍我们处在当下。相反，我们可以看到想法只是大脑庆祝或哀悼的方式——它们就像大脑感激和懊悔的眼泪。

例如，当我们批评自己所做的选择时，我们知道这只是在表达哀悼。我们哀悼在那一刻做出的选择没有满足需要。我们可以把批评当作哭泣，而不是攻击。同样，当大脑焦虑地思考未来，试图避免重蹈覆辙时，我们可以认识到，这些想法是在为过去的事情流泪。或者，如果大脑兴奋地为未来制订计划，试图重现过去的经历，我们可以看到，这只是满足感的浪潮在淹没我们，以庆祝过去的经历所碰触的需要。

当我们清楚地看到这一点时，活在当下和享受当下会更容易。我们可以承认我们的想法所表达的情感，体会身体里庆祝或哀悼的滋味，理解它们，并安住在庆祝或哀悼之中。

静坐 15~20 分钟，与身体和呼吸同在。

在这段时间里，当你陷入思考时，留意出现的想法是庆祝还是哀悼的滋味。

例如，在冥想时，"我太心烦了——我真的应该冷静下来，专注我的呼吸"的想法不断出现。当我在脑海中听到这句话时，我发现它有种哀悼的滋味。

呼吸并体会伴随庆祝或哀悼而来的感受和身体感觉。

例如，焦虑、不安和胸闷的感觉伴随着哀悼而来。

聆听想法和感受的交响乐，感受什么需要想要被庆祝或哀悼。不要过多思考，只是让需要浮现。如果你愿意，看一下需要轮。

例如，当我继续倾听这些想法并体会这些感受时，我觉察到联结、精神表达和内心平静的需要正被哀悼。

呼吸，并在领悟自己的需要中安定下来。让这种自然的安定感引导你回到纯粹与身体和呼吸同在的状态。

例如，当我意识到这些想法和感受的产生是因为联结、精神表达和内心平静，这对我来说是多么珍贵，一种甜蜜而温柔的感激之情由此产生。当我在这种感受中安定下来，我会安住在静谧和当下之中。现在，我可以毫不费力地与身体和呼吸同在。

花一些时间来感激自己和此刻的生命，然后结束冥想。

在一天当中，当你发现自己深陷于想法时，花 1 分钟专注在呼吸上，听听内心正在表达的庆祝和哀悼。体会出现的任何感受，体会被庆祝或哀悼的需要。在对它们的理解中安定下来。呼吸。

 引导音频：扫描本书勒口处的二维码，免费获取引导音频。你也可以大声朗读练习指南并录下来，作为自己的冥想引导音频。如果录制自己的引导音频，记得放慢语速，在段落之间留出足够的停顿时间，方便日后听的时候能跟得上引导词。

 深化练习：把自己和他人的所有表达（思想、感受、行为、语言）都看作是当下的庆祝和哀悼。今天，深呼吸，安住在对你和别人来说的宝贵的需要上。让它告诉你如何与自己和他人相处。

第 8 周

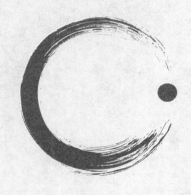

第 8 周 · 小组练习

庆祝与哀悼

庆祝与哀悼

如果我们会为别人的悲伤而悲伤，那么当我们同样敞开心扉时，也能从他们的力量中找到力量，并以此来支持我们的勇气、担当和韧性。

——乔安娜·梅西
（Joanna Macy）

小组带领人需要准备：

- 在小组练习前一两日，提醒大家聚会的日期、具体时间和地点。
- 阅读"带领小组练习：小组带领人指南"（14 页），并查看其中各项"带领人职责"。
- 在圆圈的中央摆放需要卡，摆成放射状的曼陀罗形状或螺旋形。

开场冥想

邀请大家在圆圈内站好。

敲铃示意站立冥想开始。

安静片刻后，向大家宣读下面的练习指南。用让大家感觉放松的方式朗读练习指南，在段落之间留出足够的停顿，并安静地呼吸：

今天，我们将带着和静坐冥想一样的觉察，探索行走冥想。如果你身体疼痛，无法行走，欢迎你坐着冥想。如果坐着，你可以用双手代替引导中双脚的动作，把双手放在大腿上，或轻轻地把左手或右手抬起来。

让我们从感觉地面给予双脚的支持开始。

吸气，轻轻地弯曲与伸直膝盖。呼气，将臀部的压力释放到地面，臀部到膝盖呈一条直线，膝盖到脚踝呈一条直线。

稍稍收紧尾骨，体会从尾椎到头顶整个脊柱的长度。

吸气时，略微向内收下巴，使头部与脊柱对齐。呼气，向地面释放颈部或肩膀的所有紧张。

呼吸，让手臂垂在身体两侧。眼睛放松，目光柔和地凝视一个点。

体会身体如何随着呼吸轻微地晃动。

感受大地的稳定。感受它的支持。

安静地站 1 分钟，然后以缓慢、稳定的呼吸节奏宣读以下指南：

呼气，轻轻地把身体的重量放在右脚和它下面的地面上。身体稳定在右脚上。

吸气，慢慢转动身体，朝向你左边的人，让左脚跟着你转动。呼气，轻轻地把身体重量放在左脚和它下面的地面上。身体稳定在左脚上。

吸气，轻轻抬起你的右脚，朝在你左边的人的方向迈出一小步。呼气，把身体的重量放在右脚和右脚下的地面上。

吸气，轻轻抬起你的左脚，朝在你左边的人的方向再迈一小步。呼气，把身体的重量放在左脚和左脚下的地面上。

继续这样沿着圆圈走，以婴儿的步伐、呼吸的速度进行。吸气，

> 然后迈一步。呼气，重心移到前脚。在整个过程中，让身体放松，在呼吸的节奏和大地的支持下安定下来。

安静地走几分钟，然后宣读：

> 当我们继续行走时，注意我们的脑海或心里有没有什么浮现。一边呼吸和感觉接触大地的那只脚，一边倾听它。
>
> 它像是庆祝你正在感激或享受的事情吗？还是觉得像在哀悼你追求或渴望的东西？也许二者都有？
>
> 允许自己去感受一切。不管它在体内的感觉如何。

再安静地走1分钟，然后宣读：

> 如果有什么在脑海中或心里不断出现，听一听有什么需要被表达出来。无须左思右想。只是让需要浮现到你的意识里，然后让它离开。

再安静地走几分钟，然后读：

> 这是在安静中见证自己的机会。体会我们每时每刻的体验是什么滋味。有时庆祝，有时哀悼。有时两者都有，有时两者都没有。
>
> 有时，需要会通过想法和感受被表达出来；有时，它是无法命名的。只是尽快识别并享受我们体验到的每一个方面，然后全部释放它们，回到呼吸和大地。
>
> 给自己这个机会，只是面对当下的一切，聆听生命的交响乐。
>
> 如雷布·安德森（Tenshin Reb Anderson）曾言："任何出现的东

西都是一份礼物，所以我们完全接受它，并说'非常感谢，我没有任何抱怨'。"

一起安静地再走几分钟，然后敲三次铃结束冥想。

请大家再转过身来，面向圆圈中央。

向别人鞠躬表示感谢。

介绍庆祝与哀悼

向大家宣读:

> 冥想让我们发现，我们在生命里不断庆祝感觉良好的事情，哀悼不顺利的事情。庆祝和哀悼相伴相随。一旦我们触碰了其中一个，另一个也跟着来访。它们像水面一般起伏荡漾。当冥想时，我们注意到它们像波浪一样冲刷我们。这一刻，我们庆祝鸟儿的歌声、被爱的时刻，或收到的感激。下一刻，我们哀悼时钟的嘀嗒声、失去所爱的时刻，或受到我们的评判而远离我们的人。我们开始意识到，这只是生命的表达。我们开始意识到，这就是我们每次说话的目的——我们在表达每时每刻流淌在我们身上的庆祝和哀悼。

庆祝圈与哀悼圈

从圆圈中央拿起"庆祝"与"哀悼"的需要卡。把它们拿在手里，然后向大家宣读下面的指南:

> 人们聚在一起分享哀悼和庆祝，是人类最古老的传统之一。我们聚在一起，欢迎、倾听和感激每个人的感受，并认识到这样做有其深

刻的价值。悲伤和快乐不是我们要解决的问题，也不是我们要承受的负担——它们是我们活着的证明，是我们作为人类的自然表达。庆祝圈和哀悼圈让我们记住我们是谁，肯定我们的人性。它们让团体更紧密，也强化了我们对智慧和慈悲的承诺。

今天的庆祝圈和哀悼圈与圆圈会议练习类似。我们的发言棒代表"庆祝"和"哀悼"。

向大家展示"庆祝"与"哀悼"卡。然后宣读:

我们从哀悼卡开始。每个人都可以说一说心里的哀悼。可以是开场冥想中触及的，也可以是你当下生活中的。它可以是你拿到哀悼卡时，刚刚在心里触及你的，也或许与现在地球上全人类的哀悼有关。当我们拿到哀悼卡时，我们不判断要说什么，只是让想要哀悼的方面通过我们发声。慢慢来，让它发声，无论它是需要通过语言、眼泪还是呼吸来表达。与内心鲜活的哀悼同在，并用它引导你的表达，而不只是重复熟悉的旧故事或回忆。

当我们倾听时，把每个人的声音当成我们共同的声音。保持好奇心和处在当下，让想要改变某个人自然表达哀悼的冲动随着呼吸离开。我们利用这个机会，共创信任的同理倾听空间，也让我们留意自己对表达悲伤和绝望的抵抗或恐惧。

就像在同理圈，当一个人分享完了，我们安静地把需要卡放在他面前。尽管我们可能想给对方反馈很多他的需要，但还是把卡片的数量限制在 8 张左右，以免让对方感到不知所措。

分享人深呼吸三次后阅读卡片，然后把卡片放回圆圈中央，下一个人继续分享。

这一轮把庆祝卡放到一边，哀悼卡拿在手里。

查看是否有人对练习不清楚，需要再听一遍说明。一旦每个人都清楚了，邀请每个人一起呼吸，和他人一起处在当下。

把哀悼卡传给任何一个受到触动想要分享的人。

当哀悼卡绕完一圈回到第一个分享人手中时，小组带领人就拿过哀悼卡，并邀请大家一起呼吸一次。

然后将哀悼卡放在圆圈中央，拿起庆祝卡。

宣读：

> 现在我们每个人都被邀请说出心里的庆祝。也许是今天让你感动的事情，或者是你生活中的其他事情，又或者是当你拿到庆祝卡时当下新鲜出炉的事情。再说一遍，没有必要去判断要说哪些事情，只是说出想到的事情。当你说话的时候，只是与心里出现的事情一起处在当下。

把庆祝卡传给任何一个受到触动想要分享的人。

当庆祝卡绕完一圈回到第一个分享人手中时，小组带领人拿起庆祝卡并邀请大家一起呼吸三次。

将庆祝卡放回圆圈中央，向大家鞠躬表示感谢。

收获

邀请受到触动的人与小组成员分享是什么触动了他们，或者他们在今天小组练习中的发现。

最后，感激大家的分享和练习。

结束

请一名志愿者下周带领小组。给他一套需要卡。

提醒志愿者在下次聚会前阅读"带领小组练习：小组带领人指南"（14 页）和"第 9 周·小组练习"（242 页）。

邀请大家一起做一次深呼吸。

邀请每个人用鞠躬、拥抱或其他自己认为最好的非语言方式，简单地向对方表达感激。

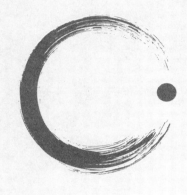

第 8 周 · 伙伴练习

慈悲的界限

慈悲的界限

我们强调坦率。你应该忠于自己的感受和心灵，毫无保留地表达自己。这有助于听你说话的人更容易理解你。

——铃木俊隆

（Shunryu Suzuki）

问候你的伙伴。

决定谁为 5 分钟的冥想计时。

一起安静地坐着，与呼吸、身体和大地同在。

计时的人在 5 分钟后示意对方时间到了。

最后，鞠躬感激你的伙伴和你坐在一起。

介绍慈悲的界限

轮流、缓速且大声地向彼此读出以下内容：

慈悲的界限是真实地面对我们的需要。通过庆祝与哀悼的练习，我们充分体会到行为和需要保持一致的时刻以及不一致的时刻。例如，有时候我们其实想说"不"，但我们却说了"是"，并为此感到哀悼。虽然我们可能习惯于为了和谐而说"是"，但有时，设定界限说"不"或停止一个行为可能才是最富有慈悲和真诚的选择。

"不"不是一个孤立的词，而是一个完整的表达。当我们与需要联结，就会发现，我们说"不"的时候，也是在对我们关心和关注的其他需要说"是"。"不"是对生命的保护。虽然恐惧、内疚、羞愧、义务和责任都可能让我们在真正想说"不"的时候说了"是"，但是在我们想说"不"的时候说"不"，是自我关爱最深入的练习之一。我们不会继续为了满足他人的需要而牺牲自己的需要，我们让自己从中解脱，并相信自己在答应他人的请求前，已经充分联结了自己的需要。

说"不"对别人也有贡献。"不"可以让对方清晰并进一步了解我们希望如何以不同的方式来联结或互动。说"不"也可以是一剂预防针，避免因没有充分沟通而产生更多的未竟事宜。我们与别人之间的未竟事宜，往往都与我们没有为自己的需要设定界限或者让对方清楚我们的界限有关。同时，我们还可以哀悼那些因为无法答应的请求而没有满足的需要，庆祝那些我们现在与自己和他人建立的真诚关系。

安静地坐几分钟，回想一下你明明想对别人说"不"、却说了"是"的某个时刻。让你的伙伴知道你想到的事情。

当你们都想到了一个自己的事情，就继续下面的练习。把需要轮放在手边，供练习使用。

慈悲的界限

先决定谁是甲，谁是乙。甲将遵循下面标有"甲"的指南，乙将遵循标有"乙"的指南。

甲：分享一个你明明想对别人说"不"、却对他说了"是"的事情。放下所有的顾虑，充分表达对所发生的事情、自己或那个人的评判、想法、责备和羞愧等。

乙：倾听。用任何有效的方式把自己带到当下，例如，深呼吸，放松腹部。把所有的意图都放在联结上。扫一眼需要轮，关注你的需要。只需留意你的头脑什么时候想要跳到建议、评判、修复、安慰、同情、怜惜，甚至试图预测需要。然后只是呼吸和倾听。

乙：当甲在说话过程中找到了一丝安定，停顿一下，然后猜测甲的需要。一次只说一个"需要"的词汇，在每一个"需要"的词汇之间充分地呼吸一次，一共说出 3~5 个需要的词汇。不用尝试弄清楚它们是甲的需要，还是那件事情里对方的需要。只是说出你体会到的任何需要。

甲：倾听对方反馈的需要。体会这些需要，与自己、也与和那件事情相关的人建立联结。体会这些需要被平等地对待。也许体会到的这些需要在那件事情发生时是鲜活的，但你当时对贡献、服务或安全的需要压倒了其他需要的声音，所以当你想说"不"的时候，你也说了"是"。

甲：分享你联结到的需要，以及在这个过程中逐渐清晰的其他需要。分享此刻联结到的所有，或许其中就有对你和那个人都很鲜活的需要。

乙：再次反馈甲说过的那些需要，一次一个，在每次说出一个需要后深呼吸一下。

甲：触摸腹部，体会乙反馈给你的这些需要。多体会一会儿这些需要。也许你会感到悲伤，因为在当时的情况下，这些需要没有被清晰地表达出来。

甲：想象以后类似的情况发生时，你可以如何说"不"，或者在已经发生的事情上如何直接和对方说"不"。告诉对方你因为什么需要无法答应对方。

现在互换角色。

结束和收获

花一点时间一起安静地呼吸。留意是否有对过去所做的选择的哀悼，是否出现了对未来可能性的庆祝。分享你们在一起的发现，包括洞察、学习、发现和感激。

另外，花一些时间互相分享作为安居伙伴度过这段时光对彼此的感激。下一周，你们将开始和新的伙伴进行伙伴练习。

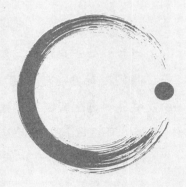

第 8 周 · 个人练习

对执着的正念、靠近执着、请求帮助

对执着的正念

我们可以将执着（Shenpa）称为"那种黏糊糊的感觉"。这是一种很日常的体验。我们会感受到一种十分微妙的紧绷、紧张、封闭的感觉。然后，我们会有一种不想处在当下、想要退缩的感觉。这就是"上钩"的表现。这种紧张感会让我们陷入自我贬损、责备、愤怒、嫉妒和其他情绪中，最终带来毒害我们的语言和行为。

——匿名

当我们处于自动化反应模式，很难慈悲和智慧地回应他人。在那种状态下，我们更有可能与正在发生的事情斗争或逃离，或者对它视而不见——也就是战斗、逃跑或僵住，我们也将这种反应称为"执着"。在这些时刻，试图"慈悲"有点像我们自己难以浮在水面，却试图拯救其他溺水者。到目前为止，在安居之旅，我们一直侧重于在安全的练习空间中自己处理这种反应。

然而，在激烈的人际互动中我们也可以练习处理"执着"。如果我们在自动化反应刚一开始出现时就能识别到"执着"的迹象，我们就可以练习呼吸、自我同理，并选择回应的方式，同时保持与对方的互动。这就像是我们爬上了一个木筏，在那里我们更容易帮助溺水的人。今天的练习会让我们更加熟悉身体反应的早期预警信号，以及在这些时刻它试图告诉我们的讯息。

坐 12 分钟左右，与呼吸、身体和任何出现的庆祝与哀悼同在。

之后，当你开始一天的生活时，随身带着你的日志本或一个小记事本。

在一天中，当你感到处于有些自动化反应的状态（即使是在最小的程度上）时，至少练习三次以下步骤：

1. 吸气——呼气——

2. 留意：你对这种自动化反应的第一反应是什么？例如，是甩掉它吗？忽略它吗？责备刺激你的人吗？责备自己被刺激了？不管你的反应是什么，花一些时间在你的日志里写下来。

3. 吸气——呼气——体会脚下的大地。

4. 留意：什么想法、行动或言语刺激了你？试着回溯到感受刚出现的那一刻。把它写在你的日志里。

5. 吸气——呼气——

6. 觉察身体里正在发生什么。你注意到身体的哪个部位有战斗、逃跑或僵住的感觉？把你的手放在那里。这个部位的感觉怎么样？质地如何？

7. 做几次深呼吸，只是和这些身体感觉在一起，而不需要改变它们或"去到"任何地方——只是感觉它们，并在呼吸中安定身心。

8. 有什么需要在呼唤你的注意力？倾听身体的声音。把任何出现的需要写下来。

9. 现在，做 2~3 次深呼吸，顺着身体向下呼出所有的紧张，并让它进入大地。

10. 再花一点时间，只是微笑，慈悲地拥抱当下出现的需要。让大地支持你。呼吸。

即时练习：当你发现自动化反应出现的那一刻，深呼吸。呼气时，有意识地放松身体。注意你身体里出现的反应迹象。你在哪里感觉到它？那里感觉怎么样？把你的手放在那里，呼吸。留意你是否有战斗、逃跑或僵住（麻木）的冲动。呼吸。如果有迫切地想要被听到的需要，认可它并呼吸。

 深化练习：当你深化这个练习时，尤其留意你的"升级"版的战斗、逃跑和僵住反应。例如，试图"从精神上教育"自己或他人，使他们远离当下的体验（这是一种战斗的形式）；专注于积极的肯定，而不面对痛苦或刺激的事情（这是一种逃跑的形式）；完全用理智练习正念，而对一团乱的感觉麻木（这是一种僵住的形式）。

对执着的正念

铭记在心

安静的朋友，你已经走了很远的路，

感受一下你的呼吸是如何让周围的空间变得更加开阔的。

让这黑暗成为钟楼，而你就是那钟。

当你鸣响时，

击打你的，将转化为你的力量。

你在来回撞击中摆动。

这种剧烈的疼痛，带给你什么感觉？

如果面前的饮品苦涩，不妨将自己化为美酒。

在这各种感官纷乱交汇、无法控制的夜晚，

探寻其中隐藏的奥秘和意义。

倘若世界不再倾听你的声音，

对沉默的大地诉说：我在流淌。

对奔腾的流水宣告：我在这里。

——莱纳・玛利亚・里尔克

（Rainer Maria Rilke）

［译自乔安娜・梅西（Joanna Macy）的英文译文］

靠近执着

你必须做出选择。你可以选择让自己经历必要的痛苦，然后痊愈。你也可以选择逃避痛苦和痊愈，但这会让所有人——包括你的后代和你自己，痛上加痛。

——瑞斯玛·梅纳肯
（Resmaa Menakem）

今日……

继续关注你处于自动化反应的那些时刻，即便是最低程度的反应。

在其中的一个时刻，做出有意识的选择，全身心地靠近你当下的体验，而不是与它战斗、逃避或僵住。靠近你当下的体验可能有许多不同的形式。

例如：

你发现自己正在试图逃避思考内心感到困扰的一件事情。靠近它，选择花几分钟时间来自我同理，真正联结到你正在体验的想法、感受和需要。

你发现你一直想修正或改变某人，因为他的表达方式会刺激你，让你不舒服。你选择放弃给他建议的冲动，相反，靠近他，同理倾听他的表达，花几分钟时间了解他的感受和需要。

你发现自己在试图让恐惧和焦虑的感受变得麻木。深呼吸，邀请一个朋友和你在一起，让他握住你的手，你让自己呼吸，充分感受恐惧和焦虑。

你发现自己去商店的路上时，大部分时间都在想当天晚些时候你需要完成的任务。有意识地选择将注意力转向呼吸、双脚踏在地面上的感觉，以及当下的声音、气味和味道。在接下来的几分钟里，带着这个意图和注意力继续走路。

如果愿意，今天晚些时候再做一次。选择全身心地沉浸在当下的体验中。

靠近执着

铭记在心

当我们被情绪和情感裹挟时，它们确实显得十分真实，我们也习惯于去表达或压抑它们、逃避它们，或想要对它们引起的心理和生理痛苦采取行动。我能无条件地陪伴自己，直面悲伤、恐惧或任何其他情感吗？我能否完全理解那种强烈的摆脱一切的渴望，而不试图知道该做些什么，不依赖任何技巧，只是让一切自然发生？一切都在此处，等待被发现、看到、感受并温柔地倾听，就像溅落的雨、流动的云和鸟儿的歌唱。一个人所说的话或许在此刻未被另一个人理解，但当我们的心灵不被恐惧、欲望甚至帮助的渴望所困时，比语言更深层的东西就在发挥作用。

——托尼·帕克

（Toni Packer）

请求帮助

我并不是说，我们必须等到彻底从内在暴力中解放出来之后，才能跳脱自我、放眼世界，才能着眼于如何在更广泛的层面上为改变社会做贡献。我是说，我们需要同时做这些事情。

——马歇尔·卢森堡
（Marshall Rosenberg）

本周的前两个练习可以培养我们在激烈的现场互动中识别自己何时被触发的能力。通常，这种觉察足以让我们想起所做的练习，给予我们继续沟通的支撑点，并以自己更喜欢的方式回应对方。然而，也有一些时候，只是觉察到自己被触发了，并不足以让我们在互动中找到支撑点，也无法让我们以喜欢的方式回应对方。在这种情况下，人们经常会说他们"没有时间进行自我同理或正念练习"，因为条件不允许。

即使在这些时刻，我们也可以向对方提出请求，创造需要的条件。采取行动，找到继续互动的支撑点——为练习创造空间，以便我们能慈悲和智慧地回应他人——这对每个人来说都是一份礼物。之所以是礼物，是因为我们避免了对自己或他人造成直接伤害。之所以是礼物，也是因为当我们重新开始倾听他人时，我们带来的能量更有可能创造出大家都想要的那种联结。

写下两个你可以在对话的当时用来寻求帮助的请求：

🍂 **请求同理倾听。**例如，"我想表达清楚，但我觉得我说的没什么逻辑。我能不能用 1 分钟把我的想法大声说出来，请别把我说的话当成在针对你，而是帮我找到更好的词语来表达我想表达的意思？"

🍂 **请求自我同理的空间。**例如，"我不太相信我现在说的任何话能促成我们都想要的那种联结，所以我想出去整理一下思路。你说的对我来说很重要，你愿意 10 分钟后再谈这个问题吗？"

把这些写在你可以随身携带的东西上，方便你在一天内可以随时取出作为提醒（例如，在卡包上或在你的智能手机上）。

以下是一些针对这类请求的有用提示：

🍂 **说出你想做什么。**在上面的例子中，想要的是表达的空间（"大声说出我的想法"）和被同理倾听（"别把我说的话当成在针对你……而是帮我找到更好的词语来表达我想表达的意思"），并给予空间来自我同理（"出去整理一下思路"）。

🍂 **说出你行动背后的需要。**在上面的例子中，需要的是清晰（"我想说清楚"）和联结（"我们都想要的那种联结"）。

🍂 **在你的请求中考虑别人的需要。**在上面的例子中所提的请求里，通过建议对方不要把这些话当成是针对他们，以及请他们在 10 分钟后重启对话，来表达你的关心。

如果有机会，今天就尝试一下你的请求。

小贴士：不要等到你完全没能力慈悲地回应对方时，才提出这些请求。到那时，你的请求很可能会被认为是要求或威胁，因为除了对方说"是"，你已经没有任何余地去倾听其他的声音了。在可能的情况下，要防患于未然，也就是说在你仍然有能力带着一些慈悲或理解回应他人的时候，请求他人的同理倾听或请求自我同理的空间。

 即时练习：当你发现自己在互动中被刺激到而无法做出有效的回应时，深呼吸，呼气时有意识地放松身体。然后说，"我们能安静1~2分钟吗？我发现我现在心不在焉，但我想保持注意力。休息一下能让我头脑清醒。"在沉默的时间里，用一些方法重新与自己、对方和生命建立联结（例如：进行正念练习或自我同理）。在1分钟的沉默之后，感谢对方尊重你的请求，然后继续交流。

 深化练习：练习使用请求所创造的空间，不仅可以帮我们找到继续沟通的支撑点，还让我们感知到对方当下可能的状况，并同理倾听他们。当你回到对话中时，你说出口的前几个词里就包含着对所有需要的理解。例如，你可能会因为之前说过的话带来的影响而感到遗憾，或者你可能想为你们俩人进行同理反馈，比如"我猜我们现在都渴望被倾听和理解"。

第 9 周

小组练习：执着
伙伴练习：同理倾听
个人练习：正念行走、为了所有生命而练习、同理反馈

第 9 周 · 小组练习

执着

执　着

在藏语中，有一个词指出了侵害和欲望的根源。这是一个我们都十分熟悉的体验，它是所有冲突、暴行、压迫和贪婪的根源。这个词就是"Shenpa"（执着）。

——匿名

所有参与者需要准备：

- 带上你的《安居 12 周正念练习》和日志本参加小组练习。

小组带领人需要准备：

- 在小组练习前一两日，提醒大家聚会的日期、具体时间和地点。
- 阅读"带领小组练习：小组带领人指南"的内容（14 页），并查看其中各项"带领人职责"。
- 在圆圈的中央摆放需要卡，摆成放射状的曼陀罗形状或螺旋形。把庆祝卡和哀悼卡放在圆圈中央。

开场冥想

邀请每个人坐在围成一圈的椅子上。

敲一次铃表示静坐冥想开始。

安静片刻后，向大家宣读下面的练习指南。用让大家感觉放松的方式朗读练习指南，在段落之间留出足够的停顿，并安静地呼吸：

> 做几次大幅度的深呼吸，打开肺部。
>
> 把肩膀向后转动，呼气，把所有的压力都释放到地下。
>
> 转动你的头，拉伸你的脖子。呼气，释放所有紧张。
>
> 呼吸，让身体放松地在座位上安定下来。安定，同时保持清醒。
>
> 目光柔和，双目微张或闭上。
>
> 处在当下。
>
> 吸气，呼气。不要费力。

静坐 1~2 分钟，然后宣读：

> 任何时候，当你的思绪开始游离，远离了静定，回到呼吸。

坐 5 分钟，然后宣读：

> 当思想试图让你从静定中离开时，回到呼吸。
>
> 无须费力。自然地吸气，呼气。

再坐 5 分钟，然后宣读：

当心灵试图攀缘在某个特定的想法或状态时，我们就把注意力转向呼吸。

随着越来越熟练地在执着刚开始时就抓住它，我们的智慧就会比执着更有力量。

我们可以停止连锁反应。不再任由我们的想法摆布。

我们可以学会在产生强烈的冲动时，放松，呼吸，从更宽阔的视角看待正在发生的事情。大地的视角。呼吸的视角。

在暂停时，我们找回和自己的联结。我们可以自由地选择如何回应。

处在当下，转向静定，一个广袤的空间出现了。

不要用力。在我们回应前，吸气，呼气。

再静坐 5 分钟以上，然后敲铃三次以结束冥想。

向别人鞠躬表示感激。

介绍执着

向小组成员宣读（或邀请其他人轮流向小组成员朗读一个或多个段落）：

了解执着，能帮助我们看到自己对外界的反应方式。执着，引导我们进入战斗、逃跑或僵住反应。我们可以把执着当作身体的反应。发生的事情或者某人的言语刺激了我们身体的反应。也许每个人的身体感觉不同，但通常是一种紧绷或收缩，一种想要战斗、逃跑或封闭自己的冲动。执着，就是所有的注意力都集中在一个方向、一个反应的时刻。

所以，我们做一次深呼吸，延长刺激和反应之间的停顿时间。

然后，问自己："我的目的是什么？我是想按自己的意愿行事吗？

我是想让对方感到抱歉吗？我是想报复吗？"

如果我们的目的不是联结而是其他，我们很可能仍在执着里。例如，我们执着地认为事情应该如何进行、认为对方应该是什么样的人，或固执地认定了某种结果。

即使我们认为自己正在练习正念或自我同理，如果执着于一个特定结果（比如，不带愤怒或平和地说服他人认同我们说的内容），那么我们所抱持的就是一种"执着性同理心"（Shenpathy）。我们可能认为自己的行为是智慧和慈悲的，但它闻起来还是有执着的味道。可以说，大多数练习只是为了训练我们的嗅觉。如果能察觉它，我们就能避免踏进它。

在执着中出入

邀请每个人拿出自己的日志本。然后宣读以下指南：

花1分钟想一个未能如你所愿回应对方的情况，那时，你直接掉进了执着。

暂停1分钟让大家（包括你自己）思考一下，然后读：

现在，在你的日志里，写下对方非常刺激你或让你体会到痛苦的言语或行为。他们说了或做了什么？

暂停1分钟让大家写下来，然后分发卡纸或纸条。

现在，把这个人语言或行为中的核心内容写在一张单独的纸上，这样你可以给别人读出来。

在每个人都写下一个刺激讯息后，让大家递给他们左边的人。然后宣读：

> 当我们掉进执着，根据不同的刺激，我们往往会采取"权力低位"或"权力高位"的立场。我们要么责怪自己，要么责怪他人。认识到这一点，我们就能开始注意到自己何时站在了执着里。
>
> 现在我们围成一圈，从我开始，轮流说出我们听到别人的语言后做出的"权力低位"或"权力高位"的反应。
>
> 我左边的人向我读出刺激我的讯息。我会从"执着"的角度回复——不是责备自己就是责备他人。例如，如果我写下的讯息是"我厌倦了你的借口"，然后我左边的人会带着相应的情绪对我说出这句话。我会用自责来回应，比如"我知道，我每次都让你失望"，或者责怪他人，比如"什么借口？！如果你一开始就说清楚，这事就不会发生了"。
>
> 我们轮流进行练习，每个人都从左边的人那里听到刺激自己的讯息，然后每个人都用"权力低位"或"权力高位"做出回应，直至回到我这里结束。

询问是否有人对练习不清楚，需要再听一遍说明。一旦每个人都清楚了，邀请大家一起呼吸，和他人一起处在当下。

首先，邀请坐在你左边的人读出刺激你的讯息。

在你做出回应后，邀请他转向左边的人，并按照说明继续上述练习。

当每个人都完成了一个回合，邀请每个人把纸条还给它们原来的主人，即其右边的人。

一旦每个人都拿回了写有刺激讯息的纸条，请大家把纸条交给自己右边的人，然后打开附录 347 页的"需要轮"。

我们将再次沿着圆圈，第二次轮流回应这些讯息。这一次，我们要把自己之前在参与安居练习时学习的东西都用上。坐在你右边的人会向你读出你的刺激讯息。当你听到这些话的时候，只是深呼吸，感受身体里的执着——那些紧张或紧绷的感觉。

一旦体会到了，再做一次呼吸，同理倾听自己，联结听到这个讯息时内心出现的需要。

一旦联结到了自己的需要，再做一次呼吸，查看你的意图是否真的是联结。

最后，进行简单的同理猜测，猜猜说那些话的人可能有什么感受和需要。如果你觉得这样的探索很有挑战，用"需要轮"来帮助自己，而不要捧着脑袋左思右想到底是什么需要。

例如，我右边的人把我的刺激讯息告诉我："我厌倦了你的借口！"当我听到这话，我默默地吸一口气，体会内心的紧张。然后，我再深呼吸一下，自我同理。用手触摸自己的心口，我发现自己感到悲伤；用手触碰自己的腹部，我发现了理解的需要。现在，我再做一次呼吸，查看我是否愿意和对方联结。最后，我会同理猜测，看看对方内心发生了什么："当你这么说的时候，你是否感到沮丧，需要一些相互支持？"

因此，伴随相应的感受呼吸；呼吸，自我同理；呼吸，查看我们的意图；然后，同理倾听他人。这些都是非常重要的步骤，因为我们不想出于恐惧、愤怒或内心的封闭做出反应。我们呼吸，这样才能真正愿意与他人联结，并由此对他人的感受和需要做出最佳猜测。不急于做任何反应。我们呼吸，就好像自己根本不会有反应一样。只是呼吸就好。然后，我们进入对他人的感受和需要感到好奇的空间。为彼此送去礼物，让彼此走出执着。

查看是否有人对练习指南不清楚，需要再听一遍。当大家都清楚了，邀请每个人一起呼吸，与他人一起处在当下。

首先，邀请坐在你右边的人读出你写的讯息。

在你回答完后，邀请他接着转向他右边的人，然后继续练习。

当每个人都进行完一个回合后，邀请大家一起呼吸并静坐 3 分钟。然后，敲铃示意练习结束。

收获

邀请每个想要分享的人和大家说说受到的触动，或者他们在今天的小组练习中学到或发现的东西。

最后，感激大家的分享和练习。

安排伙伴练习

邀请每个人坐在他们的安居伙伴身边，向大家宣读：

> 今天，我们将为第三个月的安居旅程选择新的练习伙伴。我们建议大家在这个月与家庭成员或生活伴侣结对，以此方式深化你们的关系。如果在本次安居圈里没有你的家庭成员或生活伴侣，现在，花 1 分钟安静地呼吸，体会一下，你希望和谁一起或是感到被什么召唤似的想要和哪位未曾结对的伙伴继续接下来的一对一练习。

安静 1 分钟后，继续宣读：

> 现在，朝向那个人。以此作为开端，我们讨论第 3 个月如何结伴。我们花 5 分钟时间讨论。

留心时间。当讨论还剩 1 分钟时，提醒大家。

每个人都找到伙伴后，宣读：

> 今天的小组练习结束后，请找个时间与你的练习伙伴联系，安排你们的第一次聚会。此外，如果你或你的伙伴无法经常一起练习，请联系小组伙伴们，问问是否有人愿意做你这个月的后备练习伙伴。

结束

请一名志愿者下周带领这个小组。给他一套需要卡。

提醒志愿者在下次聚会前阅读"带领小组练习：小组带领人指南"（14 页）和"第 10 周·小组练习"（268 页）。

邀请大家一起深深地呼吸一次。邀请每个人用简单的非语言方式表达感激，例如：鞠躬，拥抱或其他对每个人来说最好的方式。

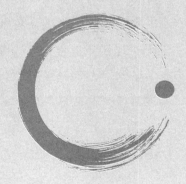

第 9 周 · 伙伴练习

同理倾听

同理倾听

对我来说，同理倾听是为了扫除行动的阻碍，而不是让我感觉更好。

——多米尼克·巴特

(Dominic Barter)

如果你和你的家庭成员、亲密朋友或伴侣配对，在开始本次练习时，花点时间，承认双方有意愿、有勇气袒露自己的脆弱，成为这条学习道路上的盟友。记住，请你们依照练习指南学习，除了指南的内容，不要教导彼此，也不要给对方额外的反馈。同时，我们允许每个人有自己的学习节奏。如果你被某些东西刺激到了，导致你不能像和之前的练习搭档那样和搭档处在当下，那么就暂停练习。你们可以选择换个时间重新练习，或者邀请之前的一位搭档加入练习，提供支持。让我们温和地进行练习。

开场冥想

花几分钟时间问候你的新伙伴，也可以和他们分享一些他们可能还不知道的你的事情。

之后，决定谁来为 5 分钟的静坐冥想计时。

一起安静地坐着，与呼吸、身体和大地同在。

计时的人在 5 分钟后示意大家。

最后，鞠躬感谢你的伙伴和你坐在一起。

分享与同理倾听

互相询问对方，是否想要复习一下同理倾听伙伴练习。如果要复习，你们可以轮流大声朗读第 2 周的伙伴练习，即 59 页的"进行分享和同理倾听"的阅读部分。

然后，决定谁先分享，谁先倾听。把附件的"需要轮"放在手边。

1. 分享者分享当下心里想到的生活中发生的事情。可以是小事或大事、痛苦或快乐的事。唯一的请求就是这件事情对分享者来说是有意义的。

2. 倾听者保持安静，带着好奇心、处在当下、联结的目的以及关注需要的态度倾听对方。如果你的大脑突然跳到建议、评判、安慰、同情或怜惜上，深呼吸，然后回到好奇心、处在当下、联结的目的以及对需要的关注上。

3. 当分享者不说话，只是呼吸或停顿的时候，倾听者看着"需要轮"，简单地进行同理猜测，确认对方正在表达的感受和需要。例如："你感到悲伤是因为你需要接纳吗？"或者"我听到的是对信任的需要吗？"或者"你需要被看见吗？"或者"我联结到了尊重和体贴，这些是你的需要吗？"或者只是用需要的词汇表达，比如："爱？"或"慈悲？"每次只给出一个需要，给对方一点时间，使其体会这些需要并做一次深呼吸。

4. 一起呼吸。

5. 分享者继续分享心中依然鲜活的东西。当他停顿时，倾听者用简单的同理猜测和他确认其正在表达的感受和需要。

6. 继续进行，直到分享者感觉分享完成——通常，此时他们会表现出放松的样子。在这个过程中，倾听者跟随分享者的带领，不用试图"正确地"猜测或分析分享者的故事，这一点很重要。猜测，仅仅是为了反映你全心全意地和分享者在一起，你不用焦虑地、努力地向对方反馈你听到的每一个字。

7. 然后互换角色。

结束和收获

在两人都有机会分享和倾听后，向彼此分享对自身的发现，以及通过这种方式被倾听之后的感激。

伙伴支持

讨论一下，本月两人愿意如何相互支持彼此进行每日个人练习。每对搭档发现的最有支持的练习方式可能并不相同，所以他们使用的练习、方式可能也并不一样。例如，一对搭档可能想每天在完成自己的个人练习后，给对方发短信或邮件；另一对可能想在当周找个时间通电话，说说这一周个人练习的体验。

同时，两人讨论一下，是否都有兴趣或意愿在常规的伙伴练习之外，打电话相互同理倾听。例如，每周安排第二次通话，只是为了同理倾听，或者同意彼此"随时待命"的同理倾听。

第 9 周 · 个人练习

正念行走、为了所有生命而练习、同理反馈

正念行走

当行走时，带着正念把脚踏在地面上，体会每一步带给你的稳
定、喜悦和自由。从对过去的悔恨中解脱自己，从对未来的恐惧中
解脱自己。

——释一行

（Thich Nhat Hanh）

身体正念和呼吸正念远不止是静坐正念。最终，我们希望把正念带到我
们生活中所做的每件事情上，无论是走动、说话、打字还是洗碗。它可以成
为一种最容易、最可靠的方式，让我们与想要融入生活中的很多品质联结，
包括轻松、处在当下、空间、稳定和联结等。

今日……

选择一个让你感到舒服的地方，缓速地进行正念行走。

可以是任何地方，比如你的客厅（可以绕圈或来回走动）、门廊或院子、
当地的公园或小区周边等。

进行 10~15 分钟的正念行走。你可以在任何时候进行，比如上班的路上、在办公室或家里走动、外出购物时等。和静坐冥想一样，设置一个声音柔和的闹钟，或者让别人告诉你时间到了，这样就不用在走路的时候记挂时间。

基本练习：觉知身体的动作、脚部的抬起、脚底与地面的接触。边走边呼吸。

当感受和想法出现，给它们空间，然后温和地把注意力带回到身体、呼吸以及脚底与大地的接触上。我们无须刻意去避免或阻止任何想法或感受，无须试图刻意保持某种平静的修习状态——事实上，这样做只会让自己更加焦虑不安。相反，允许想法和感受出现。然后，随着每一次呼气，温柔地与呼吸和大地同在。

行走冥想不是达到任何目的的手段，它的目的只是它自身。所以，我们不需要匆忙或沮丧，只需感受它的鲜活，包括时不时短暂闪现的各种想法。

当你继续行走，让你的觉知扩展到周围世界的奇迹：光和色彩的嬉戏，各种声音演奏的交响乐，不同动作的舞蹈，各种气味的盛宴……

呼吸——

最后，花一点时间感激自己，感谢自己能在这个时间段里放慢脚步享受生命，感谢生命本身的珍贵，感谢它无私的给予。

如果你愿意，今天晚些时候再进行一次正念行走。

引导音频：扫描本书勒口处的二维码，免费获取引导音频。你也可以大声朗读练习指南，录下来作为自己的引导音频。如果录制自己的引导音频，记得放慢语速，在段落之间留出充足的停顿时间，方便日后听的时候跟得上引导词。

即时练习：此刻，无论在做什么，把觉知带到身体和大地接触的地方。用皮肤和骨骼去感受自己的动作。在整个过程中，留意呼吸。继续进行，允许觉知扩展到周围的世界，感受声音、光线、触觉和气味。

深化练习：尽可能安住在你的身体里。让不受控制的想法和复杂多变的感受作为提醒，帮助你体会身体的感觉和它的各种活动。体会呼吸，以及它与身体活动的关系。如果想要更深入地练习，可以做瑜伽或打太极，让这些运动或静止的练习提醒你觉知身体和呼吸。

正念行走

铭记在心

当我和老师在雨中行走时，他会说："别走得那么快，雨无处不在。"

——铃木俊隆

（Shunryu Suzuki）

为了所有生命而练习

我想说的是，我生命最初的动力是为了获得自由。然后我意识到，我的自由与他人息息相关。继而我进入了这样的循环，把自己的修身养性当作礼物送给别人，不再为他人制造更多的痛苦。我在帮助别人的同时也在修炼自己，修炼自己也是为了帮助别人。

——拉姆·达斯

（Ram Dass）

我们所做的练习让我们认识到，我们与外界的共同点比我们以为的要多得多。虽然我们的核心信念可能会告诉我们，只有我们自己在挣扎着生活，但事实并非如此。我们的幸福和他人的幸福相互交织在一起。如果忽略了这一点，只把练习的重点放在个人成长上，痴迷于个人疗愈，就会有风险出现。那就是，再次执着于我们希望彻底从中解脱的东西上，从而产生与整体生命分离的感觉。要实现身心修习、保持充满爱意的善良和践行非暴力沟通的承诺，我们练习的最终目的，必须是为了所有有情感的生命体的利益，而不仅仅是我们自己。我们的需要和别人的需要无法分开。马歇尔·卢森堡曾对他的一群学生说，他对食物的需要"从未得到完全的满足"。一个困惑的学生问他为什么，他回答说："因为，在我的一生中，一直都有人在挨饿。"

思考一下，在你的练习里，你希望自己的心灵触碰到谁？朋友，家庭成员？同事，邻居？有时让你很难敞开心扉的某些人？新闻里的人物，政客？其他国家的个人或团体？暴力或灾难的受害者？那些制造暴力的人？四条腿的，长翅膀的？石头，树木？其面孔会提醒你这个世界上还有其他人在受苦的那些人？其面孔会提醒你正在做的练习很重要的某些人？

收集这些生命的照片或制作代表他们的东西，并放在你的练习空间里，每天提醒自己你还在为谁练习。

体会他们的存在带给你的触动——留意你的身体。给这些感觉一些空间，让它们通过你的身体表达出来。呼吸。

摆上你想回馈这些生命的东西。例如，在代表他们的东西前面放一些鲜花、一杯水，或一小碟他们喜欢的食物。

为这些生命祈祷、祝福他们或送上自己的心意，来结束今天的练习。让身体里的联结感辐射到代表他们的照片或东西上，并扩散出去。

为了所有生命而练习

铭记在心

每一秒钟，
我们对人类同胞和这个世界的热爱，
都强烈得无以复加！
这种爱，
既沉重得让人无法忍受，
又轻松得可以托举我们。

——阿曼达·戈尔曼

（Amanda Gorman）

同理反馈

当一个人发现自己得到了深入倾听时，他的眼睛就会湿润。我认为这是真正意义上的喜极而泣。他好像在说："感谢上天，有人听到我了。有人知道作为我是什么感觉。"

——卡尔·罗杰斯
（Carl Rogers）

在安居之旅，我们一直在稳步培养自己倾听的能力，听到他人所表达的为生命服务的需要——无论他们的语言或行为是什么。我们只是猜测他人表达的需要，除非他确认我们的猜测是对的。为了得到确认，我们必须告诉对方我们的猜测。

分享我们的猜测，不仅仅是确认自己是否理解别人的方法，也为对方带来一面体验慈悲的镜子。当我们用语言把自己的猜测反馈给对方，他们就有机会通过我们的话语来认识自己，并有一种被看见和被理解的感觉。这也邀请他们进一步厘清自己最希望被听到和理解的东西。

同理反馈，并不要求我们做出"正确"的猜测，我们只需要有意愿与对方的真实性同在。我们通过猜测来表达这种意愿。这让对方相信，当他在探索真实的自己时，我们真的和他在一起，而不是在默默地评判或忽略他。这要求我们非常诚实地面对自己同理反馈的动机：我们这么做不是为了改变对方，让对方听我们的话，或者因为他们的需要而教育他们一番。我们只是来

263

到对方内心最脆弱的地方，让他感受到我们处在当下的力量，信任他所说的每句话。

坐上几分钟，只是与身体和呼吸同在。

然后，专注在当下出现的任何想法和感受上。看看需要轮，留意哪些需要想要被庆祝或哀悼。深呼吸，体会那些庆祝或哀悼。

之后，在你的一天中，继续多多留意别人表达的庆祝和哀悼。

在留意的时候，告诉他你的同理猜测。无须过多思量，专注在感受和需要上，只要把你留意到的东西说出来就行了，就像我们在自我同理练习中触摸自己的腹部，说出身体的感受一样。

一位安居的参与者分享了他生活中的一个例子：

"今天早上，当我出门去工作时，我的先生告诉我，有几个人对他写的东西表示感谢。以下是我们的对话：

我：那么，他们的认可让你觉得自己做出了贡献？

他：是的！我们同舟共济！

我：相互性？社群？

他：是的！是的！

我：你真的喜欢参与其中，并为之做出贡献的感觉吗？

他：相互性！我喜欢这个说法！哇哦！是的！贡献！是的！"

如果你的同理猜测让对方产生了共鸣，那么你很可能会看到他明显柔软下来——例如一声感叹、长呼一口气、一个微笑、眼睛一亮、点头或者肩膀松弛。通常，他会敞开心扉，更多地分享内心出现的一切。如果你的同理猜测没有让对方产生共鸣，那么他就会说些或做些什么，给你更多他的感受和需要的线索。

无论联结是如何进行的，享受它，并允许对话在联结中自然地进行——也许做更多的同理猜测，也许选择其他的方式。记住，不用刻意"选择对的词句"，我们有时也要说出自己的心声，而不只是倾听或同理反馈。我们只是为了建立联结。

一旦你发现自己感到紧张或有压力，呼吸，承认出现的感受和想法，轻轻地把注意力带回到联结上。

当你们中的一方或双方都要去做其他事情时，以一种让你感觉良好的方式感谢对方。

 小贴士：在进行同理猜测时，关注需要比关注感受更为重要。事实上，如果你的同理猜测只关注感受，通常会让对方"心理化"（Psychologizing）。另外请记住，同理倾听不是认同。你不需要为了与对方联结而认同对方的观点。

 即时练习：如果你今天没有和任何人联结，试着同理倾听别人在邮件或社交媒体帖文中的表达。例如，居杰曾在回应某个人在脸书（Facebook）上的评论里写道："在你的留言中，我听到了你对那些被当局抛弃的人的深切关怀。我听到的是你对所见的一切的慈悲和哀悼。是这样吗？"

 深化练习：练习将同理反馈作为你对他人的第一反应，特别是当你觉得他们的言辞很激烈的时候。当有人对你说的话或做的事表达了痛苦，只要有可能，选择先同理倾听，而不是为你的行为或意图辩护。

第 10 周

小组练习：说出真实性
伙伴练习：用"心"说话
个人练习：勇敢表达、联结性请求、诚实表达

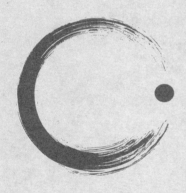

第 10 周 · 小组练习

说出真实性

说出真实性

一个人从事的最具革命性的行为是——说出真实性。

——霍华德·津恩

（Howard Zinn）

所有参与者需要准备：

- 带着你的《安居 12 周正念练习》和日志本参加本次小组练习。

小组带领人需要准备：

- 在小组练习前一两日，提醒大家聚会的日期、具体时间和地点。
- 阅读"带领小组练习：小组带领人指南"的内容（14 页），并查看其中各项"带领人职责"。
- 在圆圈的中央摆放需要卡，摆成放射状的曼陀罗形状或螺旋形。

开场冥想

邀请每个人坐在围成一圈的椅子上。

敲一次铃表示静坐冥想开始。

安静片刻后，向大家宣读下面的练习指南。用让大家感觉放松的方式朗读练习指南，在段落之间停顿，留出做几次安静呼吸的时间：

> 让身心安定下来。做几次深呼吸。深深地吸气，缓缓地吐气。
> 随着每次呼吸，让腹部更柔软。
> 让肩膀再下沉一点。让头顶向上，脊柱再挺拔一点。
> 让你的身体坐好。来到当下。
> 在温柔的呼气吸气中安定下来。在大地的支持下放松。

坐 5 分钟，然后宣读：

> 如果有任何感受出现，给它存在的空间，不要试图改变它或压抑它，即使一开始觉得不舒服。给它空间存在，让它通过你的身体表达出来。
> 让呼吸陪伴你。让大地拥抱你。对这一切保持清醒。

坐 5 分钟，然后宣读：

> 用这样的方式坐着是一种仪式，纪念我们生命的丰盛。
> 我们坐在这里，不是为了要去哪里。这样坐着，不是到达目的地的手段。我们坐在这里，是为了尊重我们的整体性和完整性。
> 坐着看似平凡，但实质上是很激进的行为。通过坐下来，让我们的心灵、想法和灵魂在呼吸中安定，进入与大地和所有生命的联结中，我们正在尊重所有生命的丰盛。
> 即使觉得生命匮乏，或者想要更多，或者想寻求一种不同的体验，我们也不费力摆脱。我们尊重这些想法。我们在静坐中接纳它们。
> 这就足够了。只是这样就足够了。

静坐 5 分钟，然后敲铃三次以结束冥想。向别人鞠躬表示感激。

向小组成员宣读（或邀请其他人轮流向小组成员宣读一个或多个段落）：

　　说出真实性，延续和整合了之前所有的练习。当我们说出真实性时，就在拥抱自己的每一面。这就要求我们完全做自己，在语言和行动中展现我们的真实性。

　　铃木罗什（Suzuki Roshi）把精神成长形容为两头烧的蜡烛。在说出真实性的情景中，这意味着作为说话者，我们要在舒适区外的两端进行练习。如果我们习惯了压抑自己的声音，那么就练习多说话。一开始，我们可以在自己感觉比较安全、比较信任的地方进行练习，而不要在自己毫无安全感、丝毫不信任的地方练习。如果我们习惯了在各种场合都说很多话，那么就练习更多地回到呼吸，静默同理对方，倾听正在发生的事情而非我们自己的声音。像这样，我们在舒适区的两端都要做练习。这些没有对错之分。这是一种邀请，让你探索有哪些地方需要进一步练习，以及你生命的哪些方面需要提升。

　　有时候，当我们说出真实性时，我们最害怕的并不是说出来的话，而是说出真实性后会发生什么。这时，我们到目前为止所做的一切练习，包括自我同理、同理倾听他人、冥想和正念练习，就有了用武之地。我们看到，无论是我们自己的还是别人的痛苦经历浮现时，我们都拥有所需的工具，把慈悲带入这些艰难时刻。说出真实性可能会让人感到有些"抓心挠肺"，但当这种感觉出现时，我们可以进行同理倾听，也可以提醒自己回到当下。通过这种方式，有些东西会有所不同，有些东西会发生转化。

　　说出真实性，不是将我们对他人或某事的观点说出来，也不是把我们的想法全部倾吐出来。说出真实性，需要我们深入倾听自己，也需要我们有意愿向他人敞开心扉。我们正在倾听生命的能量，倾听想要通过我们的声音来到这个世界的礼物。

这种练习并非是要孤注一掷做什么，或什么都不做。换句话说，这就是一种练习而已。我们可以选择想要进一步提升的地方。

练习说出真实性

邀请每个人拿出日志本，把附录中的"需要轮"和"感受"放在手边。然后宣读以下内容：

花一些时间，想想你和某个人的关系——可以是同事、朋友或家人。想一想，在这段关系中，你有什么话迟迟不敢说出口，你害怕敞开心扉，但内心深处仍有一些东西想要表达出来。

也许，直到现在，你还是不愿意说出来，因为感觉太脆弱了，或者你不确定自己说出来后能否被理解，或以你希望的方式被倾听。

想想你生活中这样的情形，写下你想说的话。现在，我们将用4分钟来思考并写下我们的表达。

4分钟后轻轻地敲一下铃，然后宣读：

接下来看看需要轮。在你想对这个人说的话里面，表达了哪些需要或哪个需要？你希望通过语言与对方沟通的需要是什么？无须左思右想，只要看看需要轮，看看哪些词吸引了你的眼球，然后把这些词写在你写的内容旁边。

2分钟后轻轻地敲一次铃，然后阅读：

现在，看看你是否想用另一种表达来重写刚才写下来的内容，也就是你想对这个人说的话，或许改一改能更清楚地表达你的需要。你不一定非要重写，但是看看你最初想说的话，再看看你想传达给对方的需要。想想有没有办法把你写的内容提炼成一两句话，更好地表达你的真实性，包括你想要告诉对方的需要。接下来，用一点时间重写你的陈述。看看你是否能把它简化为你想说的一句话。

2 分钟后轻轻地敲一次铃，然后宣读：

现在，当你看着这个你想要分享的新表达时，想象一下你最害怕对方会对你说什么。即使你知道对方并不会真的这么说，你依旧觉得自己会听到的噩梦般的回应是什么？你从对方那里听到什么可能会激发你对开口说话的恐惧？把它写下来。写下你害怕对方会对你说的话，或者做出的任何回应或反应。

2 分钟后轻轻地敲一次铃，然后宣读：

在我们开始整个练习之前，最后一步是写下你对这个人的同理猜测。看看你写下的对方可能会给你的噩梦般的回应，再看看需要轮。对方的需要有可能是什么？

一旦你与对方的需要有了联结，写下一个简单的同理猜测。例如："你需要理解吗？"

如果你愿意的话，也可以加上对方的感受。例如："你生气是因为你想要建立联结吗？"

不要想得太复杂。你只需简单地猜测一下这个人的需要，如果你愿意，也可以猜测对方可能有的感受。你可以使用需要轮里的需要词汇，还有感受列表里的感受词汇。

分发卡片或纸张。

在这张纸上，写下你害怕对方做出的噩梦般的回应。把具体的内容写出来，这样别人可以读出来。

在每个人都写下对方会给自己的噩梦般的回应后，宣读以下内容：

我们将沿着圆圈轮流进行。就像真的在和那个人对话或交谈一样，我们会进行一段简短的角色扮演。轮到你的时候，把你写下的噩梦般的回应交给你右边的人。练习开始时，向你右边的人说出让你一直感到紧张、害怕说出来会发生什么的那句话。只是表达你的真实性。坐在你右边的人会说出刚才那张卡片上写的噩梦般的回应。

当你听到那个噩梦般的回应时，深呼吸，并给出你的同理猜测。这个对话的练习就到此为止。

这里举一个例子说明练习如何进行。这是其他安居小组的一个真实例子，这个人在练习和他年迈的母亲对话。我称他为"甲"。在这个练习的第一部分，甲重写了他想说的话，并突出安全、保障和健康的需要。因此，对话开始时，甲把重写过的表达告诉坐在自己右边的乙："当我听你说你不记得从银行卡里取的钱放哪里了，我很担心你的安全、保障和健康。"然后，乙把甲卡片上写下来的噩梦般的回应说给甲听："我完全能照顾好自己。你不必担心。"接着，甲会同理猜测："你现在感到惴惴不安，需要联结、理解和选择吗？"

然后，我们继续沿着圈子进行，让乙和他右边的人练习对话。

我们只需要做这三步：向右边的人说出自己写下的表达，对方会把你写的噩梦般的回应说给你听，然后你做出同理猜测。

查看是否有人对这个练习还不清楚，需要再听一遍说明。一旦每个人都清楚了，邀请大家一起呼吸，和他人一起处在当下。

把你写有噩梦般回应的卡片交给你右边的人，开始练习。绕一圈，直到每个人都完成练习。

邀请大家一起深呼吸，然后一起进行 3 分钟的静坐。

敲铃结束练习。

收获

向大家宣读：

> 当我们与这些讯息和它们所代表的东西相联结时，身体里会涌现很多恐惧和脆弱感。让我们花一点时间为每个人庆祝，为这个圆圈里的所有人庆祝，庆祝我们愿意在这些关系中做练习。
>
> 现在，让我们看看有什么收获。你学到了什么？你对自己或这个练习有什么感激？你在哀悼什么？

邀请任何受到触动的人与大家分享。

结束

请一名志愿者下周带领小组。给他一套需要卡。

提醒志愿者在下次聚会前阅读"带领小组练习：小组带领人指南"（14 页）和"第 11 周·小组练习"（296 页）。

邀请大家一起做一次深呼吸。邀请每个人用简单的非语言方式表达感激，比如鞠躬、拥抱，或者其他对每个人来说最好的方式。

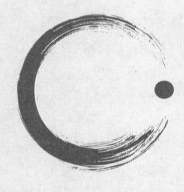

第 10 周·伙伴练习

用"心"说话

用"心"说话

　　真正的沟通，源于一种强烈的意愿，这种愿意不是为了保护自己，甚至也不是为了追求正确。它源于对真理的渴望，尽管有时这可能是痛苦的。它源于直接的感知⋯⋯对于小小的脑袋来说，沟通能让你得到想要的东西。对于伟大的心灵来说，沟通是生命本身交流的能力。

——斯蒂芬·莱文

（Stephen Levine）

和昂德里亚·莱文

（Ondrea Levine）

开场冥想

问候你的伙伴。

决定谁为 5 分钟的冥想计时，谁宣读以下冥想引导。

安静地一起坐着，把注意力安放在呼吸上，允许身心安定下来。

计时的人在 5 分钟后示意对方时间到了。

最后，鞠躬感激你的伙伴和你一起坐着。

介绍用"心"说话

宣读练习指南的搭档大声读出以下内容：

正如呼吸或身体感觉可以帮助我们将注意力吸引到当下一样，我们的语言也可以。当我们说出当下的体验时，我们的话语本身就成了正念的工具，让我们有意识地觉察当下的一切。正念的语言邀请我们清醒地面对现在，而不是重温对过去的怨恨或者幻想未来。正念的语言可能以不同的形式出现，但它总是以倾听自己和他人开始与结束。因为我们的需要与他人的需要是相互依存的关系，都表达了真实性的某些方面，所以我们要倾听所有人的需要，并且在轮到我们说话的时候讲出来。

这与我们已经习惯了的讲话方式不同，过去，我们总是根据对自己和他人的核心信念来预先判断应该或不应该说什么。使用正念的语言，我们只是说出当下内心想要通过我们说的话。这会让我们听到自己和他人心中鲜活的东西。我们会联结到呼吸、身体的感觉、当下的需要以及出现的请求。由此，我们说出我们作为所有生命体的一分子，觉得自己有责任说出来的话。甚至在我们开始讲话之后，这种聆听仍在继续，直到我们感觉没有什么想通过我们说出来了。然后再次开始练习。

这是用"心"（HEART）说话的秘诀：五个字母中，四个都在H-E-A-R-ing（听）中，只有一个在T-alking（说）上。

用"心"说话

轮流缓速地向对方大声朗读以下练习指南：

今天，我们将进行一场发自内心的对话。我们将轮流分享和带领对话，而另一个人倾听和回应，建立同理联结（Empathic Connection）。

我们中的一人将先分享一些心中或脑海里鲜活的、当下的东西。我们可能想回顾一件最近发生的事情，也可能是心中期待的、未来的事情。从本质上说，这就像我们打电话和朋友联系，分享我们生活中的故事。我们会自然地分享，也会随时暂停。

另一个人倾听，联结在对方的分享中体会到的需要。同时，如果被听到的内容所触发，联结内心出现的需要。作为倾听者，我们只是与分享者和自己处在当下。即使我们心中出现了类似的故事，或联想到了其他事情。

当分享者暂停下来，等待反馈时，倾听者可以选择回应的方式：要么同理猜测在对方分享中听到了什么，要么分享听到对方的话语后自己内心出现的鲜活的东西。倾听过程中，如果觉得同理反馈听到的内容有助于联结，那就这样做。如果我们选择分享自己心中鲜活的东西，我们选择这么做是因为与需要有联结，而不是习惯使然。换句话说，我们的分享并不是为了分析、修复或以其他方式改变我们刚刚听到的内容。我们体会身体正在发生什么，并与想要被表达的需要联结。我们可能会留意是否有想要提出的请求。

在整个过程中，我们不担心何时倾听或分享是"正确"的。也不担心要说的是否"正确"。我们所练习的只是呼吸，并与出现的一切同在。

当倾听者选择分享，角色互换，分享者倾听。我们将继续这样来回舞蹈，让同理对话至少进行 15 分钟。我们分享想要被对方听到的，有时候同理反馈，有时候表达我们自己的真实性。让对话自然地展开，但有意识地联结。

请花点时间互相查看一下，是否都理解了上述练习指南。如果需要，其中一位可以再次大声朗读指南。

双方都理解之后，决定谁想先分享，并按照指南中的说明继续。

结束和收获

分享你们在一起的洞察、学习、发现或感激。

同时，花一点时间向对方表达进行对话的感激，同时也感激对方对对话的贡献。

花几分钟时间静坐冥想，安静地感激自己和对方对话，以及用"心"说话。

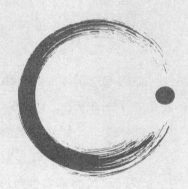

第 10 周·个人练习

勇敢表达、联结性请求、诚实表达

勇敢表达

我经常和这样的人交谈，他们常说："不，我们必须充满希望并互相鼓励，我们不能告诉'人们'太多负面的事情……"但是，不，我们必须对"人们"如实告知。因为如果没有积极的事情可告知，那我们该怎么办，我们应该传播虚假的希望吗？我们不能那样做，我们必须说实话。

——格蕾塔·桑伯格
（Greta Thunberg）

你的发声很重要。从出生的那一刻起，你独特的曲调——首先是声音，然后是文字——传达了世界的真实性。这些是重要的真实性，是你和周围的人所珍视的需要，比如爱、安全感和归属感等。

有时，我们的声音和它们表达的需要被我们的家庭、组织或社会边缘化，因为我们所说的真实性可能会让他人感到不舒服。我们的真实性也许会让人们害怕看到或感受到的、长期隐藏的痛苦或悲伤浮现出来。他们可能认为我们说出来会毁掉他们的生活。我们自己可能也会害怕说出来，因为害怕说出来的后果会毁掉我们的生活。

在非暴力沟通中，我们通过与对方结成同盟来找到表达的勇气。我们在发声的时候，不仅是为了造福自己，也是为了造福他人。我们不仅为自己的需要发声，也为更高的共同目标发声，这个目标会带来团结，而不是制造分裂。我们不会为了避免自我的毁灭而退缩，会追求不断成长，以激发集体的创造。今天的练习提供了一个模板。通过铭记你和谁站在一起，你代表着什么目标，以及你将如何同别人一起实现这个目标，你将找到表达的勇气。

（今天练习的示例可以在 286 页找到。）

今日……

使用 285 页的模板，或在日志中绘制自己的模板，进行以下练习。

做一次深呼吸。与身体、呼吸和大地同在。

反思一下，在你的生活中，你希望自己或他人为正在发生的哪件事情发声？可以是发生在家里、工作场合、学校、所在团体等任何场景中的事情。将其写在练习模板左下角的矩形框中，特别指出你希望解决的事情里具体发生了什么。

现在，花点时间只是呼吸，想一想如果你说出来，会对谁有帮助？例如，这会教给你的孩子为自己的需要发声的重要性吗？这会支持到比你不容易获取社会资源的人吗？这会为那些不能发声的人或物（即树木、动物、不在谈话房间里的人）发声吗？这会使你的组织或团体受益吗？

想想你想代为发声的那个人或团体。呼吸，感受你与他们的联结。体会他们对你的重要性。然后，在模板中心形的区域，画出那个人（或团体）的图像，或者写出他们的名字。

现在，看看需要轮。在这种情形下，你希望满足什么需要？把它们写在模板上左侧圆圈的左侧（将两个圆圈重合的空间留空）。换句话说，在这种情形下，你希望表达哪些重要的价值？

想想你想倾听的人或团体的需要。查看需要轮，想想他们可能想要满足哪些需要？将这些内容写在模板上右侧圆圈的右侧（将两个圆圈重合的空间留空）。换句话说，对他们来说什么是重要的？他们的言行试图表达什么（即使你不喜欢他们的表达方式)？

做一次深呼吸。看看你写下的所有需要，你觉得是什么更高的目标将你们团结在一起？把它写在两个圆圈相交的地方。这可能是某个对你和其他人来说都很重要的需要，也可能是某个尚未命名的需要，还有可能是某种比代表需要的单一词汇更为复杂的东西——比如对特定结果的共同渴望。

鉴于这个更高的目标，现在花点时间思考一下你写在矩形中的事情。自然地呼吸，并体会身体与大地的接触，以及大地对身体的支持。

想想你可以提出什么可行的请求，让每个人都朝着更高的目标前进？把它写在箭头里。

呼吸，并看看你完成的模板——你和谁站在一起，你代表什么，以及你打算如何和他人一起达成目标。体会身体当下出现的任何感觉。

稍后，如果你选择在真实的情况中表达并分享你的真实性，你可以使用此模板这样带领自己：

1. 呼吸，查看写下来的当下情况。(矩形)

2. 呼吸，在心里与你想贡献的人联结。(心形)

3. 大声说出你认为目前的状况(矩形里)如何不符合团结当下所有人的更高目标(两圆相交的区域)。

4. 提出你体会到的请求，让每个人都朝着更高的共同目标前进。(箭头)

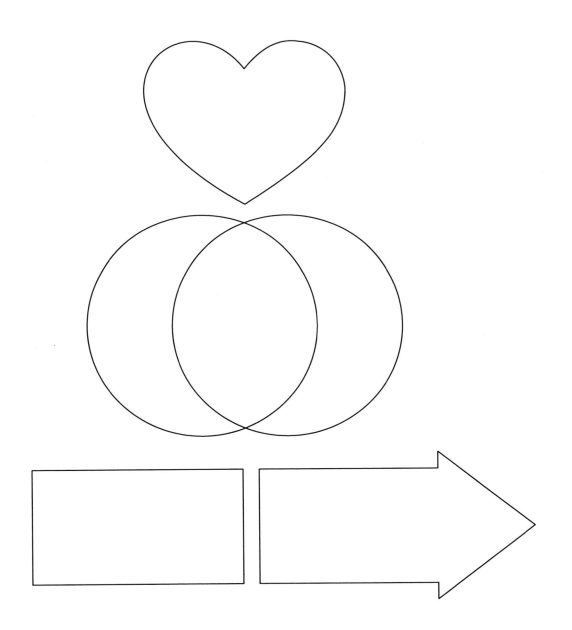

我想为谁做贡献

努力工作、想要保证本项目成功的每个人，还有因为项目失败而被影响的人。

我的需要

体贴，空间，意义，相互性，信任，联结。

大家的目标

我们都希望本项目成功，我们都需要信任。

首席执行官的目标

贡献，被看见，归属感，重要性，安全感，信任。

事件

在开会时，一位首席执行官说得太多、太频繁，以至于我们无法讨论一些紧急议程项目，也没有时间让其他对时间敏感的人发言。

请求

包括首席执行官在内的所有人，只有在有问题、想发表需要所有人立刻关注的言论时，才可以发言。另外，请求只涉及部分人需要讨论的事情时，他们另外再组织开会讨论。

勇敢表达

铭记在心

　　非暴力方法不会立刻改变压迫者的心灵。它首先对那些致力于非暴力的人的心灵和灵魂有所帮助。它给了他们新的自尊，唤醒他们看见自己未觉察到的力量和勇气。

——马丁·路德·金

（Martin Luther King Jr.）

联结性请求

说出我眼中的真相，但也不否认他人的真相时，真理就出现了。

——雷布·安德森
（Reb Anderson）

在我们之中，很少有人被教导表达真实性或深入倾听他人。我们可能被教导，说出自己的真实性是不安全的，也不为社会接受，对别人的真实性感到好奇是一种偷窥。非暴力沟通提供了一种不同的视角：真实性，无论是通过我们自己还是他人来表达，都是给所有人的一份礼物，因为它让我们认识到我们共同的人性。它鼓励我们相互给予，但不是出于对惩罚的恐惧或对回报的期盼，而是出于喜悦和慈悲。

联结性请求是指邀请他人真诚表达和深入倾听我们的"真实性"。当双方进行对话，而我们的表达和同理倾听不足以让双方相互理解时，联结性请求可以帮助我们建立联结。在这些时刻，我们可以请求：

- 确认（Reflection），当我们想要确信自己被理解时。例如："你愿意告诉我你听到我说了什么吗？我想知道我的话对你来说是否有意义。"
- 反馈（Response），当我们想要了解别人的"真实性"时。例如："你愿意告诉我，听了我的话之后你有什么感受吗？因为你的'真实性'对我很重要。"

与任何请求一样，说出为了满足什么需要而提出请求，有助于听者把请求和它背后的意图联结（例如，在上面的例子中，"我想知道我的话对你来说是否有意义"以及"因为你的'真实性'对我很重要"）。

写下两个你可以在现场对话中自如提出的联结性请求，一个用于确认，一个用于反馈。把它们写在可以随身携带的东西上（比如钱包卡或智能手机），方便你在一天中随时拿出来提醒自己。切记在表达时要包含请求背后的需要。请参阅上面的例子。

今天接下来的时间里，如果你在和某人对话时，想要确信自己正在被理解，而且你觉得这会为你们的关系带来益处，那么就向对方提出确认的请求。

如果你在和某人对话时，想要与对方的真实性联结，那么就向对方提出反馈的请求。

记住：

- 请求是一种邀请，而不是一种要求——提出请求意味着你愿意听到"不"。
- 继续关注你体会到的自己和他人的需要，当你觉得这样很有益时，给予确认或反馈。
- 呼吸！

联结性请求

铭记在心

我和那些与我一起工作的人的日常经验是，一旦我们决心让真实性和非暴力成为生活的法则，那么每个问题都会迎刃而解。对我来说，真实性和非暴力是同一枚硬币的两面。

——甘地

（Mohandas Gandhi）

诚实表达

我提高了嗓门——不是为我自己呼告，而是为了让那些无法发声的人被听到。

——马拉拉·优萨福扎伊

（Malala Yousafzai）

诚实表达，并不意味着要一股脑儿地把什么都说出来。我们在诚实表达时，也要看是否符合情景、是否是事实、是否为了建立联结、是否有益、是否出于慈悲。这源自我们精神层面的了悟和修习，并进一步支持我们的精神成长。例如，我们的同理反馈练习也是一种诚实表达的练习，它源于我们的安居学习并支持安居学习。

诚实表达不仅仅是指我们在既定的时刻要说什么。它包含了从第 1 周到现在为止所有的安居练习。今天的练习反映了这一点，它提供了一种练习诚实表达的方法，使用了我们迄今为止练习过的所有内容。

今日⋯⋯

设定意图：在能做出贡献的时候说话。用你自己的方式，请求生命的支持。 这就像我们在第 4 周中做的生命盒子练习。我们决定不出于头脑的判断说话，而是由生命本身来决定。

例如，你可以这样设定意图："生命，今天请帮助我脱离自己的方式，为你服务。愿我的所有语言和行为对大家都有益处。我谦卑地请求你的指引。"

在这一天，关注你体会到的需要，无论是你自己身上感受到的还是他人的言行表达出来的。这就像我们第 6 周的"看见礼物"练习。呼吸并体会因这些需要而产生的任何身体感觉。

如果你觉得向他人表达其中一个需要是有益的，花些时间考虑一下，你想向正在和你对话的人提出什么请求来满足这个需要。

例如，在火车上，当你发现一位年迈的妇人颤颤巍巍地站在你身边时，你留意到身心健康的需要出现了，你可能会请求坐在座位上的某个年轻人给这位老妇人让座。

查看你的请求是否：

- 切实可行和具体。例如，"你愿意对这位女士好一点吗"的请求就不是切实可行或具体的，但是"你愿意把你的座位让给这位女士吗"则是具体可行的。
- 是"做"而非"不做"。如果你的请求是不做某件事，那么你提出的请求实际上并不是别人可以采取的行动。例如，"你愿意不占用座位吗"这句话并没有明确说明对方能做什么，但"你愿意把你的座位让给这位女士吗"则是对方可以采取的行动。
- 是邀请，而非要求。如果别人对你的请求回答"不"，你是否愿意保持好奇心，对其他可能性保持开放的心态？

一旦你清楚你想要提出什么请求，考虑一下在此时提出是否有益。如果有益，那么提出你的请求，并分享背后的需要。

例如，你可以对那个年轻人说："你愿意给这位女士让座吗？我很想为她的健康做贡献。"

即使别人不愿意答应你的请求，你也继续与自己的需要同在。并让自己对说"不"的人的需要感到好奇。如果你觉得同理反馈可能有益处，就给予对方同理反馈。

例如，听到年轻人对你的请求说"不"，注意到他退缩的姿势，你体会到他对爱、同理倾听、重要性和尊重的需要。你告诉他你的猜测："听起来你今天过得很糟糕。我猜你也想要一些爱和尊重吧？"

记住，这一切都不是为了"做对的事"或"按你的方式去做"。我们为我们所联结到的需要服务，是因为我们想为所有生命做出贡献。我们提出请求，是因为这也为他人提供了做贡献的机会。我们给予同理反馈，是因为我们想要建立联结。如果我们的具体言行似乎没有贡献，也没能创造联结，那么我们可以通过处在当下、倾听和给予对方安静的、充满爱的善意，将我们的好奇心转移到什么可以促成联结上。如果我们因为被刺激而无法做到，那么我们可以练习自我同理和对执着的正念。

第 11 周

小组练习：心灵之语

伙伴练习：钩子

个人练习：收获、安居结束后的支持、只是坐着

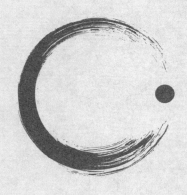

第 11 周 · 小组练习

心灵之语

心灵之语

权力凌驾型文化让人们处于恐惧之中，因而选择安全而不是冒险，选择随波逐流而不是独立自主。让我们克服这种恐惧，找出让我们联结的东西，陶醉于相互之间的差异——这个过程让我们更加亲近，让我们生活在一个有共同价值的、有意义的群体里。

——贝尔·胡克斯

（Bell Hooks）

所有参与者需要准备：

🍃 带着你的《安居 12 周正念练习》和日志本参加本次小组练习。

小组带领人需要准备：

🍃 在小组练习前一两日，提醒大家聚会的日期、具体时间和地点。

🍃 阅读"带领小组练习：小组带领人指南"的内容（14 页），并查看其中各项"带领人职责"。

🍃 在圆圈的中央摆放需要卡，摆成放射状的曼陀罗形状或螺旋形。

开场冥想

邀请每个人坐在围成一圈的椅子上。

敲一次铃示意静坐冥想开始。

安静片刻后，向大家宣读下面的练习指南。 用让大家感觉放松的方式朗读练习指南，在段落之间停顿，留出做几次安静呼吸的时间：

> 深呼吸，让自己在座位上安定下来，与自己的身体联结。
>
> 轻轻地左右摇摆或前后摇晃你的身体，找到中正的姿势。
>
> 找到脊柱放松的姿势，让它自然伸直，无须费力，不要强撑着自己的身体或是紧绷着，好似快要摔倒了一样。
>
> 此刻，留意是否有肌肉在不必要地用力。
>
> 留意大地对你的支持。
>
> 做一次深呼吸。呼气的时候，让想法和身体安定在此地，就在此时，就在这里，就在此刻。
>
> 感受此刻圆圈里其他人的存在。
>
> 让想法安住在这一刻就已足够的可能性里。
>
> 让呼吸和大地告诉你那是什么感觉。

给大家 5 分钟的安静时间，然后宣读：

> 回顾与他人的互动——当天或本周的互动。如果有帮助的话，你可以从早上醒来的时候开始回顾，你都做了什么，和谁互动过。
>
> 当你回顾的时候，不要太在意细节。更多的是要从内心深处的感受来回顾这一天。

当你回顾的时候，留意哪些时刻你在庆祝。

也留意哪些时刻你在哀悼，尤其是那些让你觉得陷入困境或无解的时刻。现在不是修复或解决这些问题的时候，而是向它们敞开心扉的时候。

体会它们对你的触动。当你走神或陷入自己对事件演绎的故事里时，让注意力重新回到你的身体和呼吸上。

身心安定。

允许有 10 分钟安静的时间，然后宣读：

在今天的聚会中，我们不会敲铃来结束冥想。我们要把这种冥想带入今天在圆圈里的每一次对话和互动中，把练习带入我们的语言中。

介绍心灵之语

向大家宣读（或邀请其他参与者轮流向大家朗读以下段落）：

当你们在听这些内容的时候，包括正在宣读这些内容的我自己，都仔细体会每一刻身体和呼吸的存在。保持这样的联结，思考在冥想时出现的对本周互动的回顾。想一想是否有想用来做练习的互动，也许你想在练习时尝试一些与当初的对话不一样的选择。也许你想以一些困难的互动或回应作为练习，这是一些让你很痛苦的对话，尝试用你喜欢的方式来回应非常具有挑战性。或者练习某个你期待的、乐意为它做些准备的互动。想一想，有什么互动是你还没做、但正考虑要进行的？或者是你害怕面对、甚至连想都不敢想的？在这个安全的空间里，你可以试着"玩一玩"这个互动。

我们在进行这些对话时，不要期待某种特定的结果，也不要试图改变对方。我们以联结的意图开启对话。不管是哪个年龄段的人，当他察觉到别人带着联结的意图和自己说话时，都会很自然地放松下来。联结的意图会在我们轻松愉快地沟通、不过多考虑结果时，很自然地产生。

在某些情况下，头脑会说：“但我知道什么是对的！我有答案。他们必须听我的。”在有挑战的对话中，尤其是当我们感到某人的健康或幸福面临危险时，我们很容易为了保护对方或做出贡献而忘记了联结。在这些时刻，我们有机会通过练习回到联结的意图。

例如，凯瑟琳回忆起她在“野孩子！”项目⊖（“Play in the Wild！”）的一次任务中，与一个 15 岁女孩互动的情形。在任务开始时的小组对话中，这个女孩要求在旅途中带上她的香烟。她同意其他学生和领队的意见，每天抽烟不超过 3 支，吸烟时与他人至少距离 300 英尺⊜以上，并保证烟头不会留在户外。

当学生们独自坐在森林里进行 8 小时的视觉化愿景探索时，凯瑟琳对这个女孩子说：“我无法想象你一整天坐在那里，边抽烟边进行 8 小时的视觉化愿景探索，我想知道你是否愿意尝试在这 8 小时内不抽烟。”女孩子说：“好的。”然后把她的香烟递给了凯瑟琳。

视觉化愿景探索一结束，她就跑回凯瑟琳身边说，“嘿，能把烟还给我吗？”就在那一刻，凯瑟琳注意到了自己内心的选择。当她把香烟递给女孩子时，她说：“我发现我在犹豫是否要把烟还给你。我不能勉强你或让你改变自己的选择。但是，当你点着一支烟，把烟吸进肺里时，我很想知道你的什么需要得到了满足。”

⊖ “野孩子！”项目，由凯瑟琳与人合伙创立，基于非暴力原则，为家庭、教育工作者和青少年提供野外露营、徒步旅行和冒险等活动服务。——译者注
⊜ 约 91 米。——译者注

300

女孩子拿着香烟走开了。随即，她又马上跑回来说："你知道，在这里我真的联结到了归属感的需要，所以这让我觉得相比抽烟，我更愿意和其他人在一起。"

那是她抽的最后一支烟。也是她的选择。

这是一个回归联结意图的例子。虽然这样做具有挑战性，但也是在练习智慧和慈悲。如果凯瑟琳只是告诉那个女孩不要吸烟，并告诉她吸烟不好的种种原因，就不会给女孩带来尊严，也不会给她空间去发现什么才是真正适合自己的。如果我们的意图简单一点，只是为了联结，而不是想要达到自己的目的并改变对方，那么有些东西就会消失，智慧和慈悲就会占据上风。

练习心灵之语

请大家看一看附录 355 页的"沟通流程图"，并拿出日志。然后宣读以下内容：

沟通流程图是一幅简单的地图，展示了我们在两人或多人对话时的选择。它综合了我们到目前为止安居练习中的很多技能。当我们在互动时，我们几乎总是把自我同理作为第一个选择。此时，我们需要花点时间来呼吸，留心身体的感受、内心的需要，并考虑我们可能会提出的请求。

从自我联结开始，然后呼吸，沿着地图向下移动，查看我们的意图。我们进行这样的对话是因为我们很好奇，想和这个人联结吗？或者固执地仍然想要按照我们的某种方式进行对话？如果我们发现是后者，就回到第一步的自我同理。

如果我们在呼吸并查看意图时发现，我们已经准备好和这个人建立联结，并对他们的体验真正感到好奇，我们就可以继续选择向下进行。我们可以选择同理倾听他们当下的体验，也可以选择表达——练习说出真实性。我们有时也把说出真实性称为"同理表达"（Empathic Expression），因为这是一种有助于建立同理联结的诚实表达。

今天，在我们智慧和慈悲地进行对话的练习中，我们将使用沟通流程图作为我们对话选择的指南。我们将轮流发起对话练习，在这些练习中我们会尝试运用这些选择。

当你想到一个你想要练习的情景时，让一位小组成员扮演情景中的那个人。你会告诉练习伙伴有关那个情景的基本情况，不用介绍太多背景故事。从你想说的内容开始表达，尝试把沟通流程图的步骤融入你的话语中，当你发现自己被困在某种应激反应中时，停下来，或者深呼吸。你的练习伙伴会真诚地回应你，而不过多思考所扮演的角色"实际"上会如何回应你。练习的关键是为你创造练习正念和非暴力沟通技能的机会，而不是试图完美地模仿他人。

你的身体和呼吸是练习时所有互动的根基。从身体和呼吸中获取能源，然后做出回应。当你感到迷茫或困惑的时候，花一些时间看看沟通流程图，考虑一下你想做哪个选择。通常来说，如果你感到迷茫，最好先自我同理。

出于练习的目的，当选择自我同理时，我们会说出来。允许自己暂停对话，说出自己当下的想法、感受、需要和想要提出的请求，然后再选择下一步如何回应对方。记得，不要只考虑如何遣词造句，花点时间去真正体会和品味词汇的意义。呼吸，和它们在一起，然后按照流程图往下进行，查看你的意图。

这是我们向联结转变的开始，我们不再只是试图按照自己的方式行事。试图按照我们的方式去进行对话是一种保护策略——保护对我们很重要的东西。当我们意识到保护的存在以及保护的目的时，我们往往就能开始做出改变，以便能够与他人联结。

这个练习是为了联结，而不是想方设法达到自己的目的，因此只是练习互动，直到你体会到一种放松的同理联结，而这不取决于对方改变了回应你的方式。这是身体的一种直觉。我们相信，解决方案或新的策略将会在这种同理联结的品质中出现。因此，我们需要练习做到同理联结。

查看是否有人对这个练习不清楚，需要再听一遍说明。一旦大家都理解了，请宣读：

现在让我们一起做几次呼吸，我们要踏入这种脆弱感当中，信任会让我们进一步深入地练习。

轻轻敲铃，邀请愿意先练习的人开始对话。

在每次对话练习之后，一起深呼吸，然后安静 1 分钟来整合练习体验。安静时间结束后轻轻敲铃，请下一个愿意练习的人开始对话。

收获

宣读：

这个练习提醒我们注意共通的人性。在对话时，如果我们自己处于自动化反应之中、感觉迷茫或受到刺激，那么很有可能对方的内心也是这样的反应。让我们放下一切目的，在同理联结中起舞，开始看清眼前的一切。我们停下来，深呼吸，拨开重重困惑和隔阂，这样我们就能回到想要创建的联结，而它就在我们眼前的这一刻。

让我们分享这个练习的收获。你学到了什么？你对自己或这个练习有什么感激？你在哀悼什么？你在庆祝什么？

邀请所有有感触的人和大家分享。

结束

请一名志愿者下周带领小组。给他一套需要卡。

提醒志愿者在下次聚会前阅读"带领小组练习：小组带领人指南"（14页）和"第12周·小组练习"。

邀请大家一起做一次深呼吸。邀请每个人用简单的非语言表达感激，比如鞠躬、拥抱，或其他对每个人来说最好的方式。

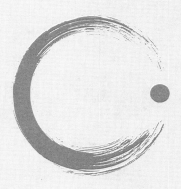

第 11 周·伙伴练习

钩子

钩　子

无论发生什么，我依然相信人心是善的。由困惑、痛苦和死亡构成的土地上，无法长出希望。我看到世界逐渐荒芜，我听到摧毁我们的雷声近在咫尺，我能感受到成千上万人遭受的折磨；然而，当我仰望天空，我想一切都会恢复正常，这种残酷也将结束，和平与安宁将再次回归。

——安妮·弗兰克

（Anne Frank）

开场冥想

问候你的伙伴。

决定谁（甲）朗读铭记在心，谁（乙）为5分钟的冥想计时。

甲大声朗读以下内容：

有一幅漫画，上面是三条鱼绕着鱼钩游。一条鱼对另外两条鱼说："秘诀就是不执着。"这是一个关于执着的玩笑；秘诀就是，别咬那个钩子。如果我们能学会在强烈的冲动时放松，我们就会用更宽广的视角看待正在发生的事情。

——匿名

一起静坐 5 分钟。

5 分钟后，乙示意甲时间到了。

最后，鞠躬感谢你的伙伴和你坐在一起。

介绍"不咬钩子"

乙大声朗读以下内容：

> 本周的伙伴练习包含我们目前为止在安居之旅中练习的所有方面：身体和呼吸的正念、需要的意识、同理倾听和自我同理、靠近比我们自己更伟大的力量、觉察核心信念、清理未竟事宜、宽恕、庆祝和哀悼、对执着的正念、说出真实性。
>
> 进行困难对话，需要我们走出练习的舒适圈。当语言刺激出我们旧有的惯性反应时，我们会产生那种"被勾住"的感受。我们留意它，呼吸，回到自我同理。在对话过程中回到对需要的关注，我们就是在践行冥想中练习的东西，扩大刺激和反应之间的空间。在非暴力沟通中，最陡峭的学习曲线之一是觉察我们对别人话语的解读，并注意到我们是如何更多地被这些解读而不是别人实际说了什么或做了什么刺激着做出反应的。如果我们深呼吸一下，"不咬钩子"，不让这些刺激把我们从联结中引开，那么我们就有机会与需要保持联结，并依然有能力同理倾听自己和他人。
>
> 这一练习将参考附录中的"沟通流程图"和"需要轮"。

不咬钩子

一起安静地坐几分钟，回想一下你想用来练习的生活中的任何一次对话。

它可以是你计划与某人进行的一段对话，或者是你已经与某人进行过、但并不喜欢的对话。

先决定谁是甲，谁是乙。甲将遵循下面标有"甲"的指南，乙将遵循标有"乙"的指南。

甲：告诉乙他要角色扮演的人的名字以及他是你的什么人。不用分享这个人的其他细节和背景——这种做法没有必要，可能还会分散注意力。

甲：告诉乙你最害怕听到的对方的第一反应——那个"噩梦"反应是什么。这是在即将开始的对话中，乙会给你的第一次回应。

甲：看看沟通流程图。用它作为你对话的指南。

甲：从沟通流程图的顶端开始，大声地自我同理，直到你对自己的需要和请求有一种清晰感。

乙：当甲在练习自我同理时，只是安静地同理倾听。

甲：看看沟通流程图里的"检查意图"。

🍃 如果你觉得想要联结，然后继续"诚实表达"。

🍃 如果你觉得仍然想以某种方式说服对方你是"正确"的，让他听你的，或者试图告诉你的伙伴更多的故事，那么再回到"自我同理"，直到清楚自己的需要并想要联结。

甲：大声向乙说出你想对那个人说的话。自由地使用语言，但要使用你学到的原则：与你的需要联结、说出你的需要和请求、与你的身体和呼吸同在。如果你认为联结性请求能支持到联结和相互理解，记得使用它。

乙：用甲上面给你的"噩梦"反应回复甲。

甲：留意你是否"上钩了"。什么情绪被激发出来了？产生了什么想法？只是留意，呼吸，然后在沟通流程图中选择你想要去的下一步：

- 如果你"上钩了",大声说出你的"钩子"。去到"自我同理",大声地自我同理。当你觉得已经回到了联结的意图,在沟通流程图中选择你想要去的下一步。

- 如果你能听出"噩梦"反应背后的需要,去到"同理倾听",并做出同理猜测。

- 如果你想继续表达你内心深处的东西,去到"说出真实性"。

乙:继续角色扮演,只是以你感到真实的方式回应甲。不要想太多,也不要试着去想象你正在扮演的那个人会说什么。单纯用你觉得真实的方式回应。

甲:继续用你的流程图来追踪你在对话中所处的位置,保持自我同理练习,然后选择表达、倾听或大声说出同理猜测。

15分钟后停下来,然后一起呼吸。收获你们所学到的一切。

现在交换角色,刚刚角色扮演的那个人提出他想要练习的情景,而刚刚练习过的人通过角色扮演提供支持。

结束

花几分钟时间安静地坐在一起,结束练习。

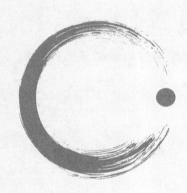

第11周·个人练习

收获、安居结束后的支持、只是坐着

收　获

你不需要非常聪明。只要逐渐少些愚蠢就足够了。

——马歇尔·卢森堡

（Marshall Rosenberg）

收获是用庆祝和哀悼的视角，有意识地反思学习经历的练习。我们庆祝被丰富的生命，哀悼没有被丰富的生命。收获创造了过往的意义，当下的欣喜，未来的方向。我们的安居之旅即将进入最后一周，这是收获安居之旅的好时机。

今日……

坐在你的练习空间里，花些时间来反思一下你在安居的体验。

先思考一下自己来安居之旅的目的。用心回顾过去的 3 个月，或许可以回看一下你写下的日志和做过的练习。

花点时间呼吸，感受，与触动你的东西同在——庆祝和哀悼。

花点时间承认和感激获得的成长和改变。

在你的日志里，写下：

🍂 庆祝本次安居之旅里做过的一些事或说过的一些话。写下你具体做了什么或说了什么，以及碰触到了什么需要。当你写下每一个庆祝时，花点时间呼吸和品味它！

🍂 哀悼本次安居之旅里做过的一些事或说过的一些话。写下你具体做了什么或说了什么，以及与哀悼相关的需要。当你写下每一个哀悼时，花点时间呼吸，体会身体出现的感觉。

🍂 看到庆祝和哀悼时出现的洞察。

🍂 任何与练习相关的、依然鲜活的问题（任何方面——正念、同理倾听、说出真实性等）。

🍂 从这些庆祝、哀悼、洞察和问题中产生的，让自己或他人采取的行动，或对自己或他人提出的请求。

如果你是某个安居小组的一员：

🍂 回想你的安居圈的成员，逐一回忆你和每个人的联结。

🍂 在闭幕聚会上，你可以用某种方式表达你对安居之旅的肺腑之言。也许是一首诗、一首歌曲，或者你想象到的其他方式！

🍂 把你想要分享的内容带到最后一次小组练习。

深呼吸，认可自己在安居过程中所有的努力，让自己变得"逐渐少些愚蠢"！

 深化练习：把"收获"当作每日反思是非常有力量的，尤其是当我们面对生命的无常时。每天晚上，花点时间在日志中"收获"这一天，理解这可能是自己生命里最后的一天、一个星期或一个月。这个练习也可以在你的脑海中进行，不用写日志，就像睡前的夜晚反思一样。

收　获

铭记在心

这个世界上，真正的快乐是一种革命性的行为……它能彻底地改变我们的观念，让自我解脱，因而让我们可以更深刻地了解自己是谁，并承认自己有巨大的爱的能力。

——莎朗·莎兹伯格

（Sharon Salzberg）

安居结束后的支持

指引，并不是来自天使在我耳边的低语。它来自反复尝试和犯错，就像我们大多数普通人经历的那样。

——米拉贝·布什

（Mirabai Bush）

在本次安居之旅接近尾声时，我们可能想知道在安居之后，我们的练习将会是什么样子。在安居之旅结束之前，花一些时间联结安居对我们的意义，并思考在安居之后我们想要采取什么行动来支持自己，是很有价值的。

今日……

花 10 分钟坐下来，感受呼吸和大地。

10 分钟之后，静静地问自己一个问题："在安居之旅结束后，为了让我继续得到支持，我对自己或他人有什么请求吗？"

写下任何想到的东西。

花 1 分钟查看你写的请求是否：

🍃 具体（你明确知道采取什么行动）？

🍃 可行（足够聚焦，让你容易完成）？

🍃 正向，而不是不要做什么？

🍂 是一种邀请，而不是命令（它们是让人觉得愉快的，而不是沉重的）？

🍂 在安居之旅结束后，可以继续支持你的生命愿景吗？

如果不是，重写你的请求，让它符合这些指南。

把这些请求放在你可以看到的地方，并让它们提醒你根据请求采取行动。

安居结束后的支持

铭记在心

我们必须这么理解我们的教导：我们应该忘记某些特定的内容；不应该比较哪种好，哪种坏。教导不应该局限于任何特定的样子。教导存在于每个时刻，存在于每个存在体。这才是真正的教导。

——铃木俊隆

（Shunryu Suzuki）

只是坐着

这就好像你永远都做不到，但依然持续尝试着。非常有趣的是，这种努力会带来一些东西，带来对自己和他人的感激。这为世界增加了更多的温暖。

——匿名

我们将以两个部分的练习来结束本周的安居练习，这个练习从早上开始，到晚上结束。我们将回到我们开始这段旅程的地方——就在这里。其实，我们都与"这里"密不可分。这就是我们所在的地方。无论我们去往哪里，我们练习的地方就是"这里"。

今日，在早上……

如常度日，选择可以坐 20 分钟的地方。例如，早上喝咖啡的餐桌旁、办公桌旁、在你（停着的）汽车的驾驶座上，或在你经常乘坐的公共汽车的座位上。

设置一个 20 分钟的计时器，然后坐在这个普通的、日常的座位上。

在刚开始的几分钟里，闭着眼睛坐着，与身体、呼吸和此刻支持你身体的座位同处当下。随着呼吸的进出，在一呼一吸中安定身心。

然后，保持双眼闭合，轻轻地扩大你的注意力，留意这个熟悉的地方的气味和声音。多坐几分钟，觉察你周围的空间。

如果你的思绪涣散，回到你就在这里，与这个熟悉的空间、呼吸、气味和声音在一起的单纯目的。思绪涣散没有错——只要不断地回到这里就行了。

如果某些想法或身体里的感觉持续存在，敞开心扉并好奇它们在当下表达的需要。记住，每一个想法、每一种情绪、每一种身体感觉都是"需要"在当下的表达。它们揭示了此刻你的某些方面。

动动你的脚趾。眼睛依然闭合，感觉你的双脚。注意你是这个熟悉的空间的一部分。在这里。在当下。呼吸，在珍贵的了悟之中安定身心。

几分钟后，慢慢睁开眼睛，呼吸。环顾四周，接受你周围的一切，包括你自己，同时仍然和身体处在当下。

现在，看看你的双手。注意它们如何组成你此刻坐在这里的身体的一部分。觉察双手的同时，做一次呼吸，这双手握着过去和未来的可能性。

留意你在这个熟悉的空间中所处的独特位置。

留意自己属于这个空间。属于这个世界。

留意对你重要的事情。你选择用这双手做这件事对你有多么重要，这双手是你此刻坐在这个地方的身体的一部分，你这个生命的一部分。

当想法出现时，回到呼吸。允许自己放下从理智上理解的归属感和重要性，去感受你座位下的大地。记住，有比你更伟大的东西抱持着包括你在内的一切。把自己交托给它。只是在身体、呼吸和大地中安定身心。

20分钟后，深呼吸，双手合十放在胸前。向你周围的世界鞠躬，同时向内心鞠躬，承认你在这个世界上的位置。愿所有生灵都知道自己的归属。愿所有生命都知道他们很重要。

回到你为安居创设的练习空间。

在你的日志本或一张纸上，把你的手摊开并沿着手边缘画下来。

在你的手画中，或涂色，或书写，或绘画，展现出任何从早上的练习中出现的或伴随你的洞察或需要。关于自己是整个生命安排中的一部分，你有什么收获？什么需要在指引你在这个世界上的行为？

然后，拿走或收起安居特有的物品或装饰品。

清理、重新布置，让你的练习空间焕然一新。把你的手画放在那里。

花点时间承认和感谢支持你安居之旅的起因和条件。这可能包括老师、家人、朋友、社群、有益的教导、舒适的环境和地方。

然后，再花一点时间，把这三个月的安居练习所收获的一切献给所有人，让所有人，包括你想要祝福的人或群体，都能获得快乐，远离痛苦。

做一次深呼吸。

为了结束安居之旅，还有其他要做的吗？如果有，就去做。

下周，你将翻开练习的新篇章。

 引导音频：扫描本书勒口处的二维码，免费获取引导音频。你也可以大声朗读练习指南，录下来作为你的冥想引导音频。如果制作自己的引导音频，记得放慢语速，在段落之间留出充足的停顿时间，方便日后听的时候能跟得上引导词。

即时练习：现在，闭上眼睛，做一次深呼吸。注意你周围的气味和声音。动动脚趾，感受在这个空间、在这一刻的自己。然后，深呼吸一次，睁开眼睛。环顾四周。最后，再深呼吸一次，看看你的双手。注意它们如何组成你身体的一部分，一切的一部分。感受你选择用它们要做的事情的重要性。现在，行动。

 深化练习：让早上的冥想成为你在生活中不同环境下进行的一种练习：工作中、家中、社群中。有时，可能短一点；有时，长一点。例如，有时你可能会发现，只是呼吸和看着自己的手就是此刻回到当下所需要做的。

第 12 周

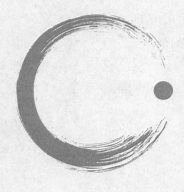

第 12 周·小组练习

安居之旅的收获

安居之旅的收获

如果要通过人类的努力来治愈这个世界，我相信那将是由普通人来做的，特别是那些对生活的热爱远超过恐惧的人。

——乔安娜·梅西

（Joanna Macy）

所有参与者需要准备：

> 带上上周个人练习第一天里要分享给大家的内容。

小组带领人需要准备：

> 在小组练习前一两日，提醒大家聚会的日期、具体时间和地点。

> 阅读"带领小组练习：小组带领人指南"（14 页），并查看其中各项"带领人职责"。

> 在圆圈的中央摆放需要卡，摆成放射状的曼陀罗形状或螺旋形。

开场冥想

邀请每个人坐在围成一圈的椅子上。

敲一次铃表示静坐冥想开始。

安静一会儿后，向大家宣读以下练习指南。 用让大家感觉放松的方式朗读练习指南：

> 让我们在接下来的 20 分钟内一起安静地坐着，与自己、我们的安居圈，还有我们都有的珍贵生命，同处当下。没有什么必须要做的事情。让我们最后一次一起坐在这里。

一起静坐 20 分钟，然后敲三次铃结束冥想。
向别人鞠躬表示感激。

结束时的收获

向大家宣读：

> 我们用了三个月，一起走完了这趟智慧与慈悲的旅程，建立了一个支持我们练习的社群。在安居快要接近尾声时，我们能感受到大家在一起的每时每刻和每次联结的珍贵。
>
> 让我们和他人一起处在当下，留出空间进行珍贵的表达，一起分享结束时的收获。我们每个人都可以分享心中在安居旅程的庆祝和哀悼，以及想要分享给大家的学习收获。这也是一个机会，分享我们为这个社群准备的任何内容。
>
> 就像在同理圈一样，当有人分享时，其他人处在当下，安静地倾听。当一个人分享结束时，倾听的人安静地在他面前放上需要卡，确认我们听到了他的分享。
>
> 我们可以从第一个愿意分享的人开始，然后以顺时针依次进行。

邀请一位愿意的人开始分享收获。

顺时针绕圈进行，直到每个人（包括你在内）都进行了分享并收到需要卡。

之后，邀请大家一起深呼吸，然后进行1~2分钟的安静冥想。敲一次铃结束收获。

致敬仪式

邀请大家站成一个圆圈。

宣读：

> 让我们作为个人和社群的一员，向我们自己致敬来完成这一旅程。
>
> 作为一个小组，我们一起先说出一位成员的名字，然后对他说："认识你是我的荣幸。"
>
> 当大家说出你的名字时，回应大家说："谢谢你们与我同行。"
>
> 然后，我们互相鞠躬，就像我们在冥想时做的那样。
>
> 然后，我们再向下一个人说："××，认识你是我的荣幸。"然后，他回应说："谢谢你们与我同行。"鞠躬致敬彼此的联结，然后继续进行。
>
> 那么，从我左边的人开始，顺时针进行一圈。

查看是否有人对仪式不清楚，需要再听一遍说明。一旦每个人都清楚了，邀请大家一起呼吸，并把临在带入仪式。

开始仪式，转向你左边的人，从他那里开始，然后根据说明进行。

在最后一个人（你）得到致敬后，敲三次铃，示意安居的结束。

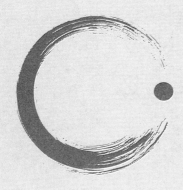

第 12 周 · 伙伴练习

只是相聚

只是相聚

这是一个单纯相聚的故事。没有指导，没有测试，没有流程，没有内容。除了两个人分享的微笑，没有任何语言或任何东西，可以形容我们对生命之花的深邃之美所饱含的欣赏与感激之情。

——诺曼·菲舍尔

（Norman Fischer）

最后一次伙伴练习让你和安居伙伴用你们的方式，整合所学并进一步完成安居旅程。这次见面可以用来回顾一个你们都乐于进一步深入探索的伙伴练习。这也是一个机会，在你们一起完成 4 次伙伴相聚的循环的同时，讨论如何支持你们在安居之旅结束后的过渡。

相互感激一起同行。

相互感激一起走过安居的旅程。

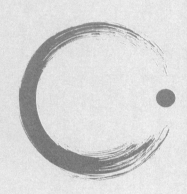

第 12 周·个人练习

生命还剩 5 天、生命还剩 4 天、生命还剩 3 天、
生命还剩 2 天、生命还剩 1 天

生命还剩 5 天

像一片树叶一样到处走走，明白你随时都有可能摔倒，然后决定如何使用你的时间。

——内奥米・希哈布・奈
（Naomi Shihab Nye）

本周的个人练习提供一种安居之外可以继续进行日常修习的方法。了解自身的无常以及周围的一切和每个人的无常，可以帮助我们分清轻重缓急。如果你的生命只剩下一周，你想在生活中修习什么？

今日……

花些时间坐下来，与身体和呼吸同在。

坐着的时候，问自己第 1 个问题，"如果这是我生命的最后一周，哪一个需要、哪一种生命品质是我想要成为或更充分地活出来的？"看看有什么答案出现，然后把这个词或短语写下来。例如，"玩耍"或"尊重所有的生命"。

然后，向自己提出第 2 个问题，"如果这是我生命的最后一周，我希望在我的哪段关系中提升哪一种生命品质？"这可能是与你爱的人、亲密的朋友、家庭成员，或你经常联系的人的关系。写下想到的东西。例如，"在我和伴侣的关系中培养同理心"。

最后，向自己提出第 3 个问题，"如果这是我生命的最后一周，哪一种生命品质是我愿意更多地贡献给我的社群的？"社群，可以是你的朋友、邻居、居住的城镇、工作单位、部落，或者是一些你经常联系的更广泛的人群。写下来。例如，"我想向我的邻居们贡献感激。"

让这些开放式的问题贯穿你的一天。随身携带你的日志本或一个小笔记本，记下你想到的所有回答。

生命还剩 4 天

有一种活力、一种生命力、一种能量、一种冲动，通过你转化为行动，因为一直以来都只有一个你，所以这种表达是独一无二的。如果你阻止它，它将永远不会通过任何其他媒介存在，它将会丧失。这个世界不会有它。决定它有多好、多有价值或与其他表达方式相比如何，都不是你的事。你要做的是清晰直接地保留它，并保持表达的通道畅通。你甚至不需要相信你自己或你做的事情。你必须保持开放的心态，觉察激励你的冲动。保持表达的渠道畅通……没有一个艺术家是令所有人满意的。任何时候我们都没有绝对的满足感。正是那种奇特的、神圣的不满足、那种被祝福的不安，让我们继续前行，使我们比别人更有活力。

——玛莎·格雷厄姆

（Martha Graham）

今日……

思考你想在生命中更充分地表达哪种需要（你对本周第 1 天练习中第 1 个问题的回答）。

坐几分钟，体会那个需要在体内的能量。如果有帮助的话，查看第 2 周第 5 天的个人练习"活出需要"中的指南。

今天就采取一个行动来表达这种能量。 例如，如果"玩耍"是你的需要，你可以选择听着最喜欢的歌曲跳舞或邀请某人与你一起玩一个游戏。

如果你感觉无法轻松或愉悦地去采取这个行动，查看：

🍃 你对自己提出的这个请求是真正的邀请而不是命令吗？如果不是，改变一下请求，让它看起来少一些"不得不"，多一些"乐意"。

🍃 它是具体的、可行的，而不是模糊的、一厢情愿的吗？如果不是，就修改请求，使其更简化而易行、更具体。

🍃 是"做……"而非"不要做……"吗？如果不是，改变请求，这样你就能清楚地知道你想做什么，而不是专注于你不想做的事情。

完成这个行动后，花 1 分钟想象一下，你所体验到的幸福感和满足感，以及它们延伸到所有渴望在他们的生命中更多地表达这个需要的人身上的画面。

生命还剩 3 天

既然地球是圆的，

我们就无法真正远离彼此，

在我们离开的那一刻，

就走在了回到一起的路上。

——阿曼达·戈尔曼

（Amanda Gorman）

今日……

花几分钟时间承认和感激他人对你的生命做出的贡献。你可以选择想象那些时刻的画面，把它们写在一张感恩清单上，或者大声说出来。

然后，思考你愿意在你与某个人的关系中提升的那种生命品质（你对本周第1天练习中第2个问题的回答）。

坐几分钟，体会身体里那个需要的能量，当你与自己对于这段关系的愿景相联结时，你有什么感觉？

今天就采取一个行动，让这种品质在你们的关系中鲜活起来。例如，如果"同理心"是你想要更鲜活的品质，你可以选择邀请你爱的人分享他们的想法和内心的世界，同时你可以倾听他们，处在当下并同理反馈，而不是插入你自己的意见或建议。

允许自己勇敢地行动，就好像这真的是你生命中的最后一周。我们常常会忘记，当我们真正是为了需要采取行动时，就是给每个人的礼物，而不是一种负担或强迫。谁不想被邀请进入一个更深入、更充实、更亲密的生命体验呢？

完成这个行动后，花1分钟想象一下，你所体验到幸福感和满足感，以及它们延伸到所有渴望更充分表达这种生命品质的人身上的画面。

生命还剩2天

真正的慈悲不是把一枚硬币扔给一个乞丐，而是看到一个产生乞丐的社会需要重建。

——马丁·路德·金

（Martin Luther King Jr.）

今日……

花几分钟时间想一想，你的社群中是否有饱受痛苦折磨、而你希望帮他们减轻痛苦的人，是否有你希望通过你的练习中让他获益的人。

体会他们对你的触动，留意这种触动在你身体里出现的感觉。给自己空间表达这些感觉，包括任何痛苦或哀悼。和它一起呼吸。

然后，思考你愿意为你所在的社群进一步贡献哪些价值（你对本周第1天练习中第3个问题的回答）。

坐几分钟，体会需要在你身体里的能量，当你与社群的愿景相联结时，你有什么感觉？

今天在你的社群中采取一个行动，增进那种品质。例如，如果"感恩"是你提出的一种品质，那么你可以选择和当地城镇的人们一起做第7周第3天的"分享感恩"练习。

允许自己勇敢地行动，就好像这真的是你生命中的最后一周。在你之后，可能没有人会想在社群里做这种事。社会的变化始于我们。我们想要生活在什么样的世界里？我们希望下一代拥有什么样的社群？

完成这个行动后，花1分钟想象一下，你所体验到的幸福感和满足感，以及它们延伸到世界各地所有渴望更充分地表达这种生命品质的社群的画面。

生命还剩 1 天

朋友们，目的地到了。

——珊顿·赛斯
（Shantum Seth）

今日……

静坐 20 分钟。坐着，就像这是你在地球上的最后几分钟，余事均已完成。

呼吸。

邀请觉知和处在当下进入每一刻：形状、颜色、声音、呼吸、心跳、身体感觉、思想、情绪、"你"，以及"你"周围的所有生命。

就这一次，坐着，就像你无须再担心成为一个更好的人。只是和当下的珍贵同在，因为你可能再也不会以这种形式经历它。

后　记

带着一致性继续安居之旅

安居是像我这样的人所需要的工具。对地球上的生命充满热情，并希望保持地球的宜居性。我学会了接纳当下这一刻，然后与他人联结，一起行动起来，尽快让世界变得更好。

——公民气候演说团同行支持项目

（Citizens'Climate Lobby's Peer Support）的安居参与者

这本书由一系列具体的练习组成，我们发现这些练习都能极大地解放我们自己和他人的生活。然而，因为非暴力本身比任何一种形式或教学更广泛，我们不认为我们的一系列练习或我们提供的练习形式，是安居的唯一路径。

一些安居小组、伙伴或个人可能发现，在反复经历几次这本书12周的旅程后，他们想要保留安居的架构，但准备在提供的练习之外拓展他们学习的广度或深度。我们鼓励他们尝试改变安居练习的形式，同时保持安居的目的和架构。本章包含了如何做到这一点的指南。在本章，我们提供了几个需要时刻牢记的基本原则，向安居小组中引入新形式的建议指南，以及创建自己的安居小组练习的通用模板。

安居的基本原则

这些基本原则说明了安居保持不变的东西，即使练习的形式发生了变化。

它们是安居小组区别于其他类型的小组（例如正念小组或非暴力沟通练习小组）的地方。当变化了安居的形式时，请记住以下几点：

1. **我们的共同目标是在日常生活中践行非暴力，我们聚在一起练习，相互支持，互相学习非暴力的方法。**非暴力可以定义为一个人的思想、语言或行动中没有暴力。非暴力也可以被定义为与所有生命生活在相互依存的关系中。从本质上讲，非暴力是让我们从惯性的行为所制造的基本分离中获得解脱的自由。

2. **安居是为期 12 周的旅程，而我们的非暴力练习一直在进行。**安居可以理解为一个 12 周的旅程，有它的开端、发展和结束。旅程可以定期进行，也可以根据需要进行。然而，安居之旅也是我们生活的一面镜子。正如我们不会从我们的生活中"毕业"（除非我们的生命形态发生了改变）一样，也没有可以结业的安居"课程"以及任何安居"专家"证书。通过练习，我们会变得更有经验，但同时，我们依然保持谦逊、可教，以初学者的心态，不断提升我们的学习边界，推进我们的安居之旅。

3. **我们不依附于特定的学习方式。**我们练习的形式依据需要什么而各不相同。每一种形式的非暴力都有自己的优点和局限性，这是我们通过不断的练习所了解到的。

4. **我们有意识地为聚会选择有利于我们共同目标的架构，避免那些分散我们注意力的架构。**安居比许多冥想小组、NVC 练习小组和其他种类的精神学习小组有更明确的架构。举个例子来说，利用圆圈会议讨论特定主题并进行公开分享，而不是采用随意的签到方式。这是有意为之的，因为我们经常看到，如果小组聚会采用的架构不明确或不是有意识地选择的，那么小组就会失去活力和专注力，或者被某人强大的个性所控制。

5. **我们共同带领学习，或练习带领，或跟随别人的带领。**在生活中，基于我们在某个特定时刻的角色，我们会带领别人或跟随别人。我们希望在所有这些情景中都能做到非暴力。我们写这本书的目的是培养人人都可以带领的社群，而不是支持少数安居"专家"成为团体领袖。虽然有经验的实践者可以选择主持安居小组，但小组没有安居"老师"。我们希望每个人都能在他们更广泛的家庭、社群和组织中主持同理圈或带领冥想。

6. **安居既是一个个人和伙伴的旅程，也是一个团体的旅程。**安居是一个人进行密集练习的一段生命时期。要想充分体验这么做的好处，每周在小组练习以外，整周都要持续练习，这一点很重要。如果你的安居小组选择引入本书内容以外的新的练习，请思考，如何在一周内进行对应的个人练习和伙伴练习。

为安居引入新形式的指南

安居练习是在参与者们相互同意的基础上进行的，大家依据身体的感觉练习，完整地分享练习体验，并在能够发挥作用的地方使用所学的方法。当你在安居练习中引入新形式时，我们提供以下四个指导原则：

1. **在引入新的练习形式之前，先征求安居小组成员的同意。**重要的是，小组成员们达成共识，同意一起练习修改后的形式。在我们的非暴力实践中，为了在我们至爱的社群中建立信任关系，共识是必备条件。你可以与小组成员分享你想介绍的东西，并询问是否有人反对，以确认大家是否同意。即使只有一个人反对，那也不是集体同意。

2. **保持一致性地学习各种练习形式。**在这个时代，上网并快速下载任何东西或使用说明都很容易。在练习中，保持一致性地学习各种形式，意味着尽可能地向有过实践经验的人学习书中的练习。也许安居小组中的某人已经对另一种形式有经验了，可以通过他们最初带领的练习方式将其介绍给小组。每一种形式都有它自己的原则，这些原则告诉人们如何练习这种形式才能有效而无害。这些原则并不总是通过短视频或文本就能轻易地传达出来。保持一致性，还意味着尊重我们所练习的形式的起源。我们的祖先或许曾经不遗余力地保存和分享这种智慧，这才让我们今天可以继续沿用它们。

3. **以具身化的方式（Embodied Way）实践各种练习形式。** 当我们能谈论某件事的时候，很容易认为自己已经了解它了。以具身化的方式实践练习形式，意味着在切身体验之前，不进行过于理性或抽象的讨论。如果我们不先体验，我们就不知道自己在说什么。过多地"谈论"非暴力，容易让我们忽视"成为"非暴力本身的目的。所有持久的转变都是通过身体发生的。我们的思想和语言只是副产品。

4. **在对大家有用时再使用这些练习形式。** 这意味着我们要有意识地考虑，在哪些地方使用某种练习形式可以达到小组成员的共同目的，在哪些地方不能。书中各种练习形式按照特定顺序设计，旨在平衡每一种练习的局限性与另一种的优势。例如，我们选择在整个安居过程中使用需要的语言，因为这是在我们与自己和他人的关系中实践非暴力的有效方式。然而，需要的语言会让我们的大脑给事物下定义的部分非常活跃，因此会限制我们与其他身体感官的交流。为了达到平衡，我们加入了步行冥想等练习形式，来强化我们对身体感觉的觉察。在这些情况下，我们选择不使用需要的语言。同样，要注意不要过度依赖任何一种练习形式，除非出于某种原因，这么做总是有用的。

安居小组练习模板

下面的模板提供了一种简单的形式，可以用来向安居练习小组介绍其他冥想和练习，前提是小组成员同意。这种形式大家很熟悉，与书中的小组练习流程一致。

1. **以冥想开始小组练习，或者为需要倾听的人组织一个同理圈。** 冥想可以是各种各样的练习，从安静地坐着，到伴着音乐跳舞。重要的是，冥想帮助参与者将他们的心、脑和身体谐调一致，无论是作为个人还是团体。此外，同等重要的是，冥想为每个参与者提供了一种无条件的安全感、接纳和归属感。冥想结束后，如果有时间的话，为那些有需要的参与者组织一个同理圈，可以加深集体的联结感。

2. **介绍一个练习**。在介绍练习时，我们建议保持简单原则——只介绍参与者要投入练习所需要知道的内容。这可能包括：你是如何了解这个练习的，为什么它对你有意义，引用练习的一位先驱者的话，简要解释这个练习所必需的每个原则，以及概述一下参与者将要做什么。

3. **一起练习**。在一起做练习时，有人为练习计时很重要。在某些情况下，如果带领练习的人能够示范每个步骤，也会很有帮助。

4. **大家分享练习收获**。

5. **负责团队的后勤工作**。

6. **以某种形式的感激来结束练习**。

附　录

需 要 轮

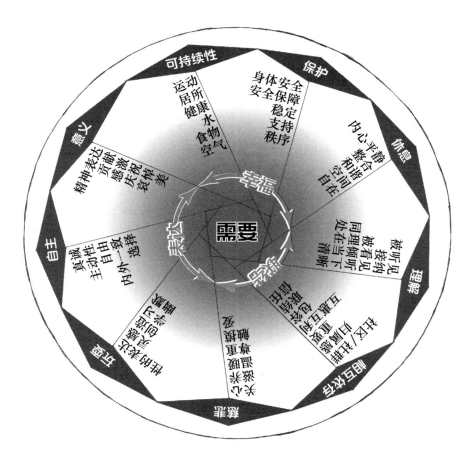

人类的共同品质

就像我们的心跳和呼吸一样，需要是我们作为生命体的基本特征和运作方式。需要不是我们拥有或没有拥有的东西——我们就是它们。我们每个人说的每一句话，做的每一件事，包括沉默和静止，都表达了一个需要。每时每刻，在我们自己或别人的每一次表达中，深入地倾听、表达和拥抱这些需要，我们会和人类共有的生命更为亲密。上面的需要轮并不是一个穷尽所有共通需要的清单，而是指引我们理解和实践它们的开始。

［基于马歇尔·卢森堡博士和曼弗雷德·马克斯-尼夫（Manfred Max-Neef）的作品］

♡ 感 受

喜悦和满足

冒险	好奇	轻盈	钟爱	满意
充满深情	欣喜	高兴	感动	引发兴趣
鲜活	心意坚定	感激	喜出望外	惊讶
惊奇	热切	快乐	平和	谢意
逗乐	狂喜	充满希望	开心	激动
惊讶	受鼓舞	有启发	自豪	触动
平静	兴奋	感兴趣	精神焕发	宁静
自信	着迷	精力充沛	放松	信任
满足	友好	喜悦	释然	乐观

恐惧和焦虑	愤怒和挫折	难过和悲痛
害怕	火冒三丈	无聊
警觉	激动	抑郁
焦虑	生气	失望
忧虑	烦恼	气馁
忧心忡忡	震惊	心灰意冷
谨慎	脾气暴躁	沮丧
担忧	厌恶	绝望
困惑	恼羞成怒	精疲力竭
心神不安	沮丧	无助
心绪不宁	暴怒	垂头丧气
疑惑	焦躁不安	受伤
尴尬	怒气冲冲	孤独
不耐烦	激怒	忧伤
紧张不安	恼怒	悲伤
不堪重负	厌恶	疲惫
不知所措	心烦意乱	进退两难
惊慌失措		
心如乱麻		
迷惑不解		
勉为其难		
心烦气躁		
恐惧		
震惊		
有压力		
吓坏		
担心		

虚假感受	伪装成感受的诠释	
被抛弃	被忽视	被欺骗
被虐待	被威胁	被催促
被攻击	令人失望	被拒绝
被人背叛	被操纵	不受赏识
被欺负	被误解	被利用
被欺骗	被忽略	

身体感觉

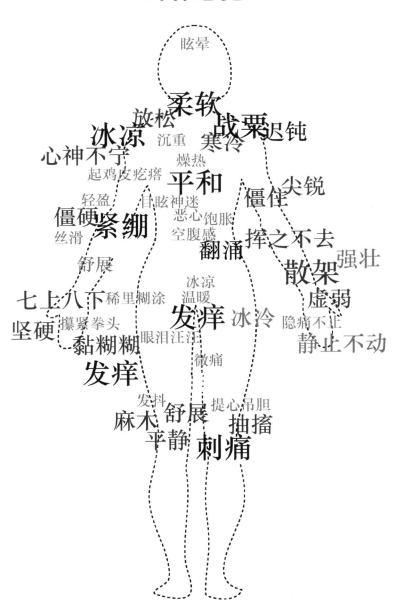

（受彼得·莱文的启发）

自我同理

（又名"我们把什么带进了房间"）

1. **想法**——触碰我们的额头，说出我们的故事、评判、解读和持有的信念。

做一个深呼吸！

2. **感受**——触碰我们的心，命名当下的身体感觉和体会到的情绪。

做一个深呼吸！

3. **需要**——触碰我们的腹部，为潜在的、通过我们的想法、感受表达出来的需要命名。

呼吸，回归中心

4. **请求**——打开双手接收，说出与需要联结后出现的行动请求。

沟通流程图

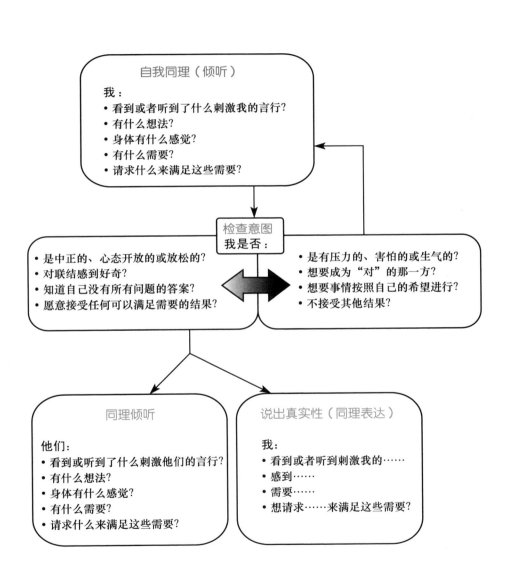

自我同理（倾听）

我：
- 看到或者听到了什么刺激我的言行？
- 有什么想法？
- 身体有什么感觉？
- 有什么需要？
- 请求什么来满足这些需要？

检查意图
我是否：

- 是中正的、心态开放的或放松的？
- 对联结感到好奇？
- 知道自己没有所有问题的答案？
- 愿意接受任何可以满足需要的结果？

- 是有压力的、害怕的或生气的？
- 想要成为"对"的那一方？
- 想要事情按照自己的希望进行？
- 不接受其他结果？

同理倾听

他们：
- 看到或听到了什么刺激他们的言行？
- 有什么想法？
- 身体有什么感觉？
- 有什么需要？
- 请求什么来满足这些需要？

说出真实性（同理表达）

我：
- 看到或者听到刺激我的……
- 感到……
- 需要……
- 想请求……来满足这些需要？

（改编自非暴力沟通无错区游戏 thenofaultzone.com）

需 要 卡

　　"需要卡"是我们发现的最简单易行的工具之一，帮助人们聚在一起时学习和练习同理倾听。在本书中，从第 2 周开始，小组练习会使用需要卡。如果练习小组没有现成的需要卡，第 2 周的小组指南可以按照下面的说明来制作：

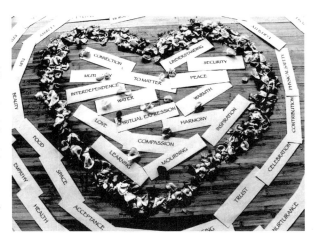

　　如果你有电脑、打印机和网络，你可以扫描本书勒口处的二维码，打印出一套需要卡。我们建议把它们打印在浅色卡片上，既美观又耐用。打印好文件后，你只需把每一页沿着虚线剪开，这样每张卡片上都印有一种需要，如右下图所示。

　　如果你没有电脑、打印机和网络，你可以手工制作一套需要卡。有很多方法可以做到这一点。这里有一个方法：

　　1. 把 9 张 A4 纸切成 63 张。如左下图所示，每一张 A4 纸切成 7 条。

　　2. 参看 347 页附录中的"需要轮"，在每张卡片上写下一个需要的词汇。写得大一些，这样便于阅读，如右下图所示。

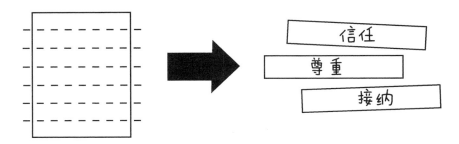

感　恩

自 2017 年我们首次出版 *The Ongo Book：Everyday Nonviolence* 以来，我们亲眼看到亲密的家庭成员和敬爱的教师的去世，其中包括本书中提到的许多人。我们也有幸迎接新生命的到来，欢迎两个了不起的女儿来到我们的生活中，还有四个侄子和五个侄女加入了我们的大家庭。在此期间，我们周围的世界似乎也开始意识到殖民主义、种族主义和气候变化的危机，同时经历了一场全球病毒，将我们许多人封闭在家里一年多。

第二版代表了我们在这些动荡和过渡的岁月中不断深化的实践成果，同时也让我们坚信现在是每天实践非暴力生活的最吉祥的时代。每一次死亡和出生都让我们对自己的归属感、重要性、目标和这宝贵生命的意义有了新的认识。我们谦卑地向这些经历中的每一点都致以谢意，没有这些，我们就不可能写出第二版。

我们无法想象过去的五年没有以下这些人，我们会怎样度过。感谢你们，Yeye 和 Mama G，谢谢你们继续成为一股更强大的力量。感谢 LN Bethea、Sirena、Mason 和 Tom Sawyer，你们的友谊、幽默、共鸣和真理的力量坚定了我们的决心，教会我们成为更好的父母，并帮助我们认识到"至爱"社群近在咫尺。我们向 Morris Ervin 和 Venaya Jones 鞠躬致谢，他们的示范和支持给了我们夫妻所需要的正念基础。感谢你，Ben Jensen，无论从字面上还是从象征意义上，你都帮助我们度过了这些年的所有转变。我们有你是幸运的。我们感谢我们的女儿 Ozella Mei 和 Gloria DeHaven，她们的耐心是任何人都无法比拟的，她们用优雅、幽默和深深的爱来做到这一点。我们所做的一切都是为了你们。

我们的工作得到了巴巴树国际董事会的大力支持，他们是 Dzebam Godlove、Wendy Haynes、Jiva Manske、Eileen McAvoy、Samuel Odhiambo 和 Kate Raffin。感谢你们致力于非暴力生活，将这些实践带到世界各地，并成为我们的家人。

我们要感谢 Magiarí Díaz，他坚持不懈地促成合作，出版了 *The Ongo Book：Everyday Nonviolence* 的西班牙语译本，也使英文第二版得以问世。Maya，你的奉献成就了这个梦想！我们也要感谢来自 simple.cat 的 Raed El-Younsi 和 Enric Gonzalez。他们全身心地协作，感谢他们在非暴力和写作的旅程中陪伴着我。

吕靖安（Lucy Leu），谢谢你对我们的坚定支持，感谢你成为心灵祖母。Shantum Seth，你和你的家人愿意展现给我们人性的每个层面，我们深感荣幸。你和 Gitu 已经把可以体验的幸福提升到了极致。

我们要感谢与我们一起实现这个版本愿景的不可思议的团队：包括我们的编辑 Dennis Grean，他继续让我们检查拼写；Jennifer Hewitson 为封面创作了精美的插图；我们的设计师 Hadley Gustafson 将我们所有的修订版都设计得非常完美；还有 Boonook 的团队，他们功勋卓著地写出了一本远远超出我们预期的电子书。也感谢安居社群，你们为我们的修订和补充提供了宝贵的建议。

在本版本之前的几年里，我们从 Annett Zupke 提供的国际灵感中得到了滋养，他们促成了德语版的诞生，李夏和邝丽君促成了简体和繁体中文版的诞生，最近，Minako Sudou、Haruno Ogasawara 和 Hideharu Endo 在促成日文版安居的诞生。在英语世界里，Wendy Haynes、Jeff Joslin、Micheue Towle 和 Kate Raffin 对 *The Ongo Book：Everyday Nonviolence* 的支持也极大地感动了我们。我们对你们的每一项努力都感到敬佩和赞赏。

我们向来自世界各地的 300 位捐助者表示深深的感谢，他们参与了此次筹款活动，为第二版英语版和西班牙语版的成功出版做出了贡献，其中还包括书中插图——"小树""成熟树""古树"和"菩提树"的捐赠者：

Sonia Bauer	Jeff & Lou Joslin	Kate Raffin
Rebecca Brillhart	Kirsten Kristensen	Matthew Ramsay
Pam Cadden	Roswitha Kröll	Lucy Rodríguez
Alyssa Chen	George LeCompte & Jo Anne Kleinschmidt	Finn Rothacker
Montse Cheta	Leanne Logan	Karen Scott
Marcia Christen	Mika Maniwa	Gram Smith
Philippe Daniel	Joshua Mann	Kendra Smith
Rosie Demmin & Jo Ferneau	Jaya Manske	Leonie Smith
Stacey Dougan	Jim and Jori Manske	Teresa Speakman
R.A.Fedde	Jiva Manske	David & Lynd Steigerwald
Noah Fischer	Ian Mayes	Carol Walsh
Eliane Geren	Eileen McAvoy	Rich Waring
Bren Hardt	Shoko Miyagi	Laura Chu Wiens

Narayana &
Wendy Haynes

Eulalia Noguera

Anne Wilson

David Hobbs

The Open-Hearted
Practice Group

Thomas Wong

Gail Holmes

Meg O'Shaughnessy

Forté Worthy

Eric Huang

Linda Pittard

　　我们希望你们和我们一样，对自己做出贡献的这本书感到自豪。我们无法用语言表达我们对你们慷慨投入精力的感动之情。

相看两不厌，
只有敬亭山。

——李白